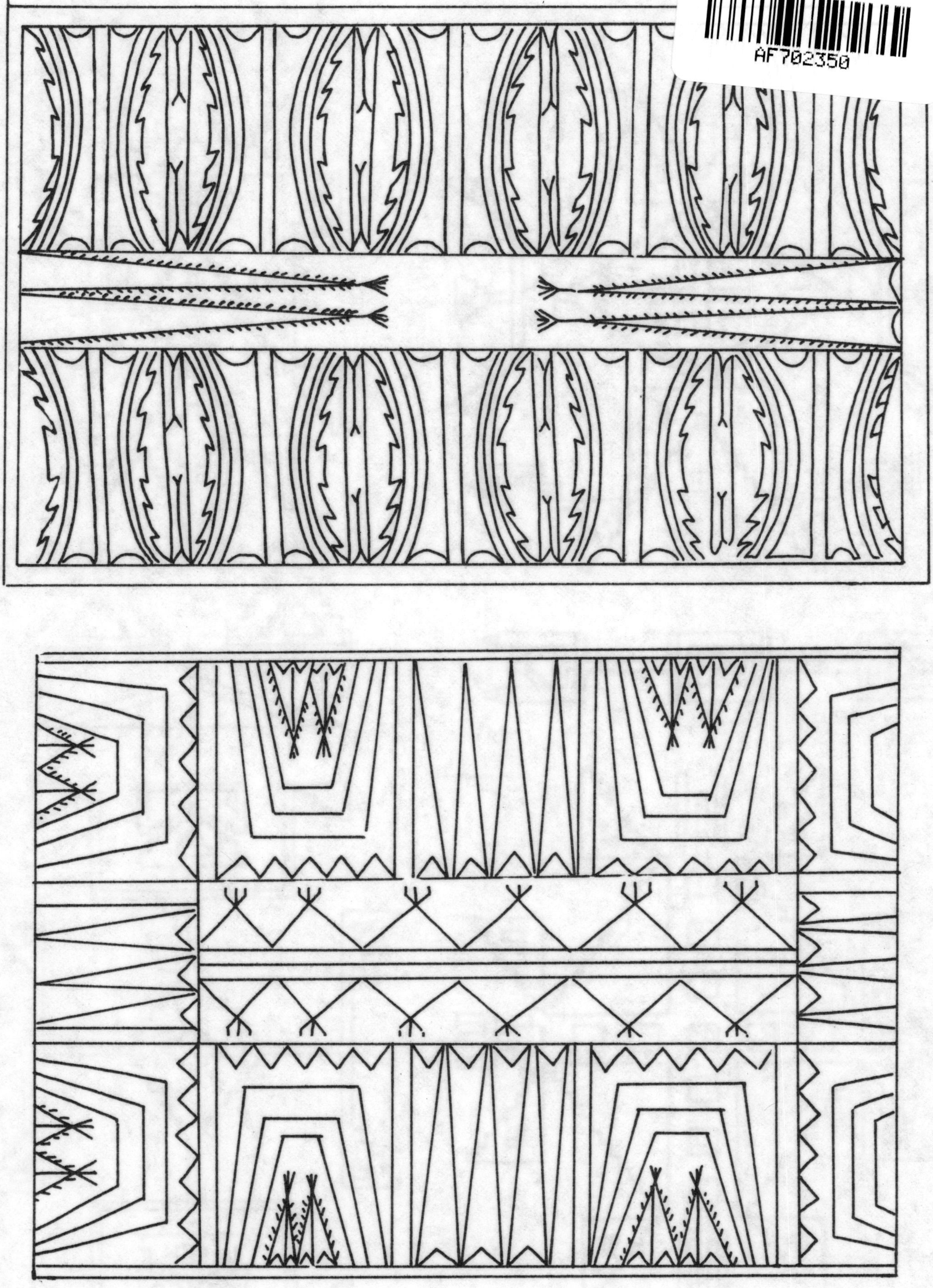

PLATE 1

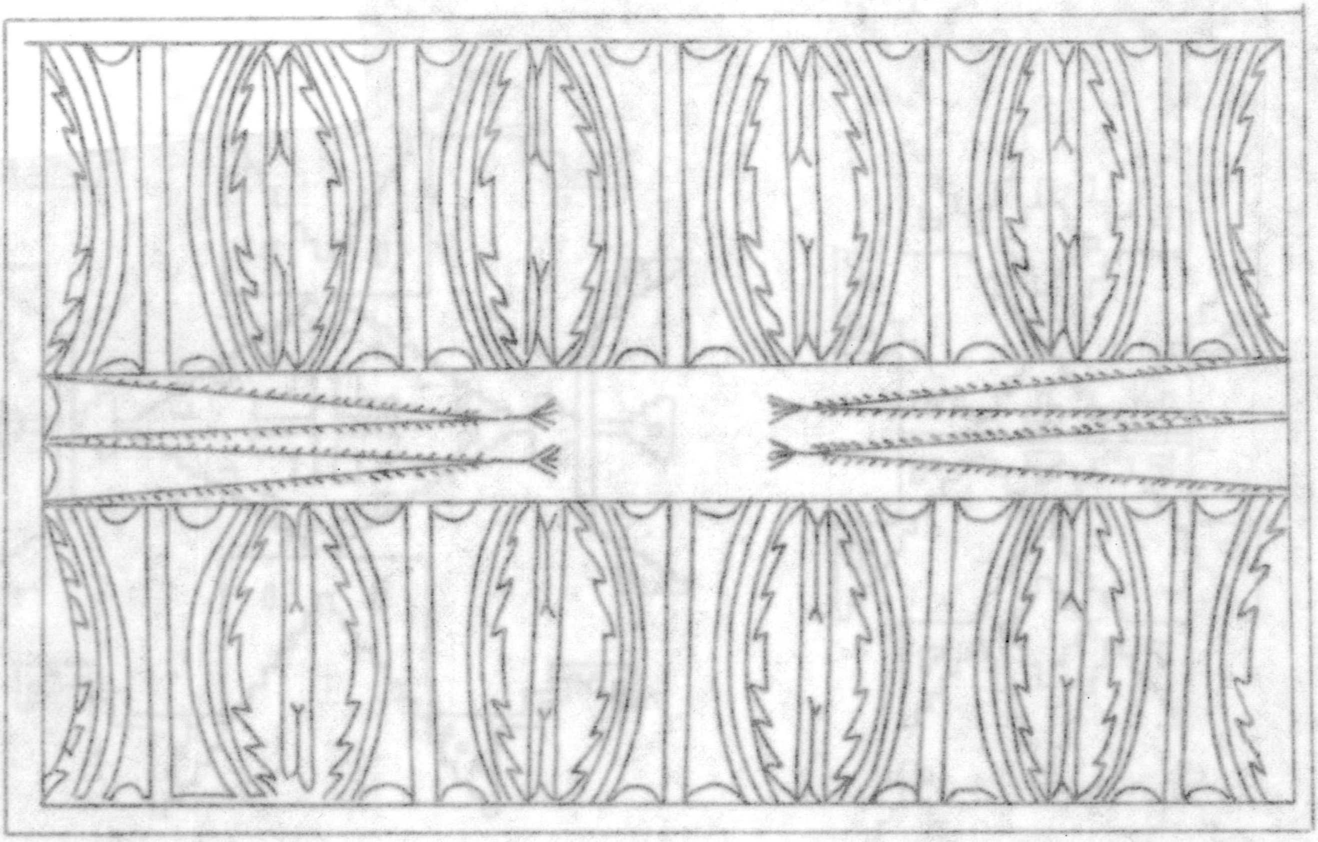

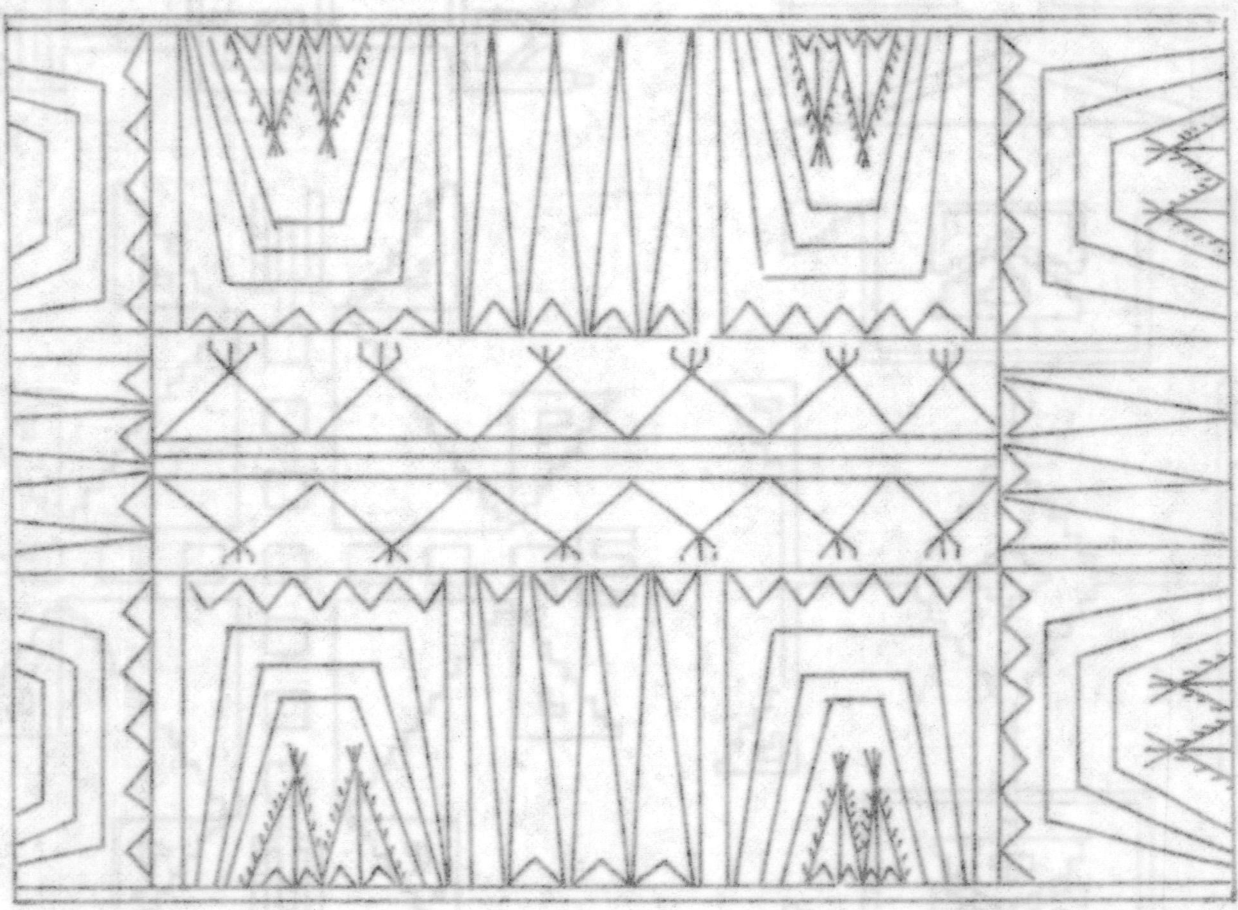

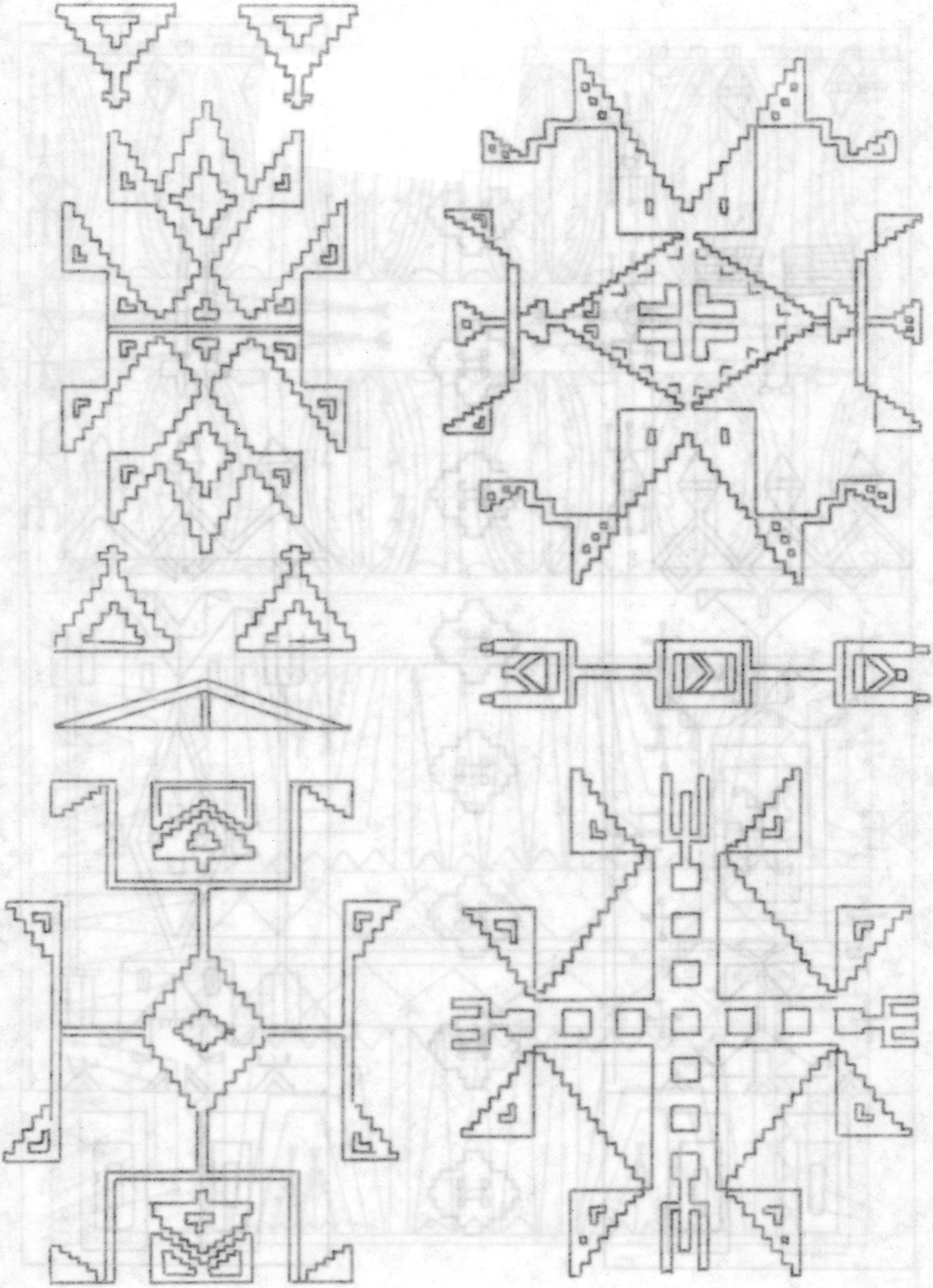

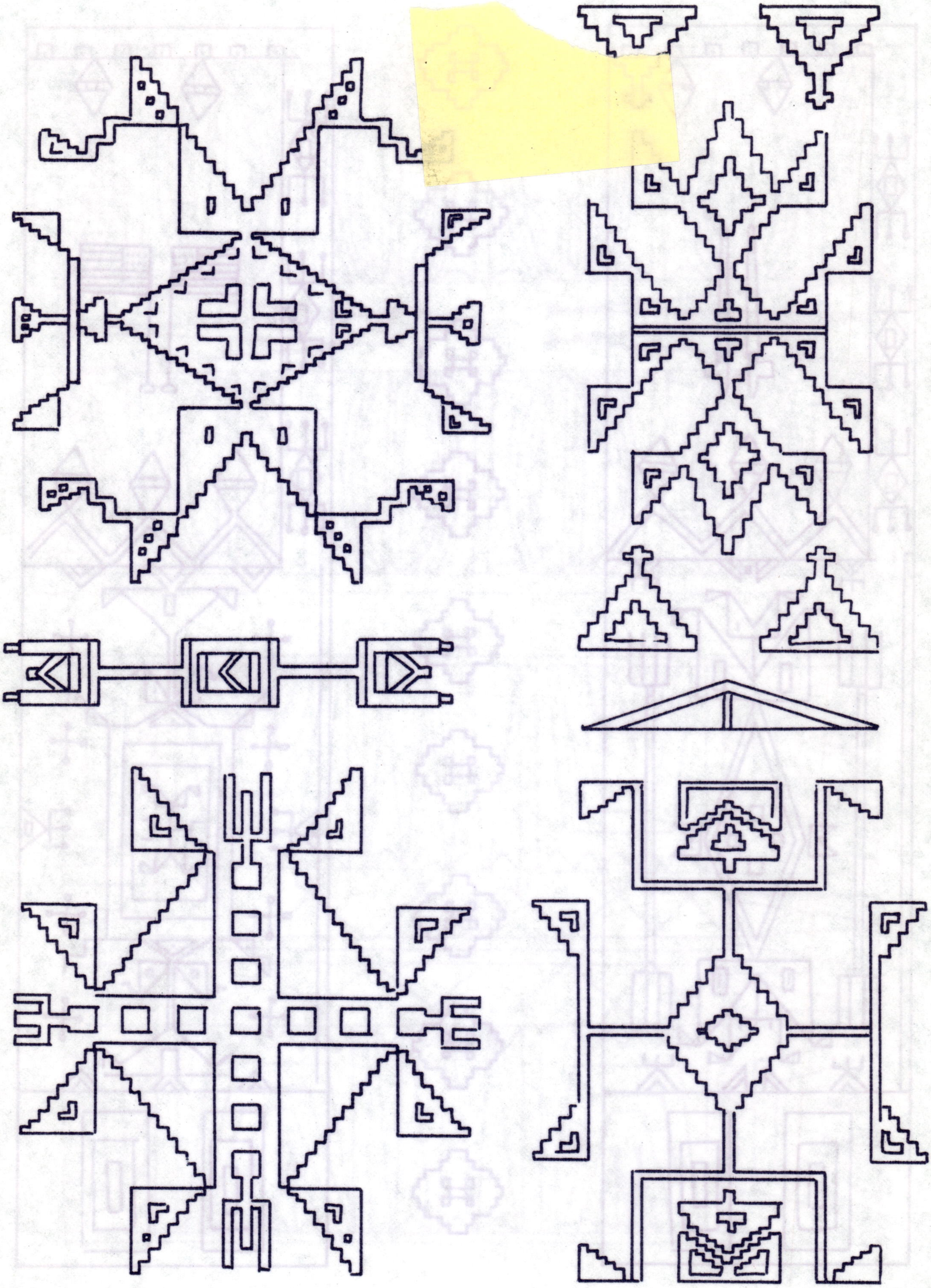

PLATE 2

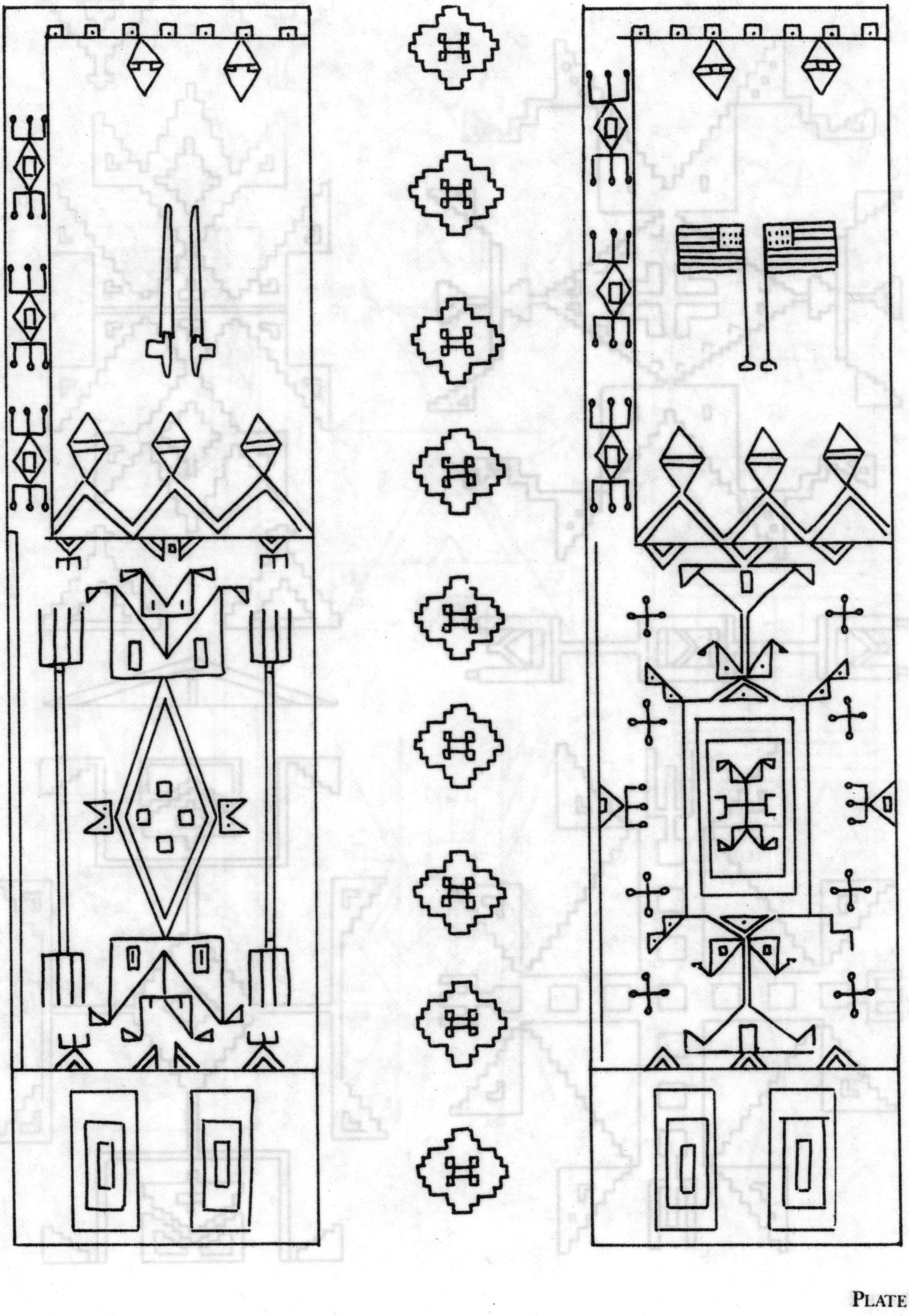

PLATE 3

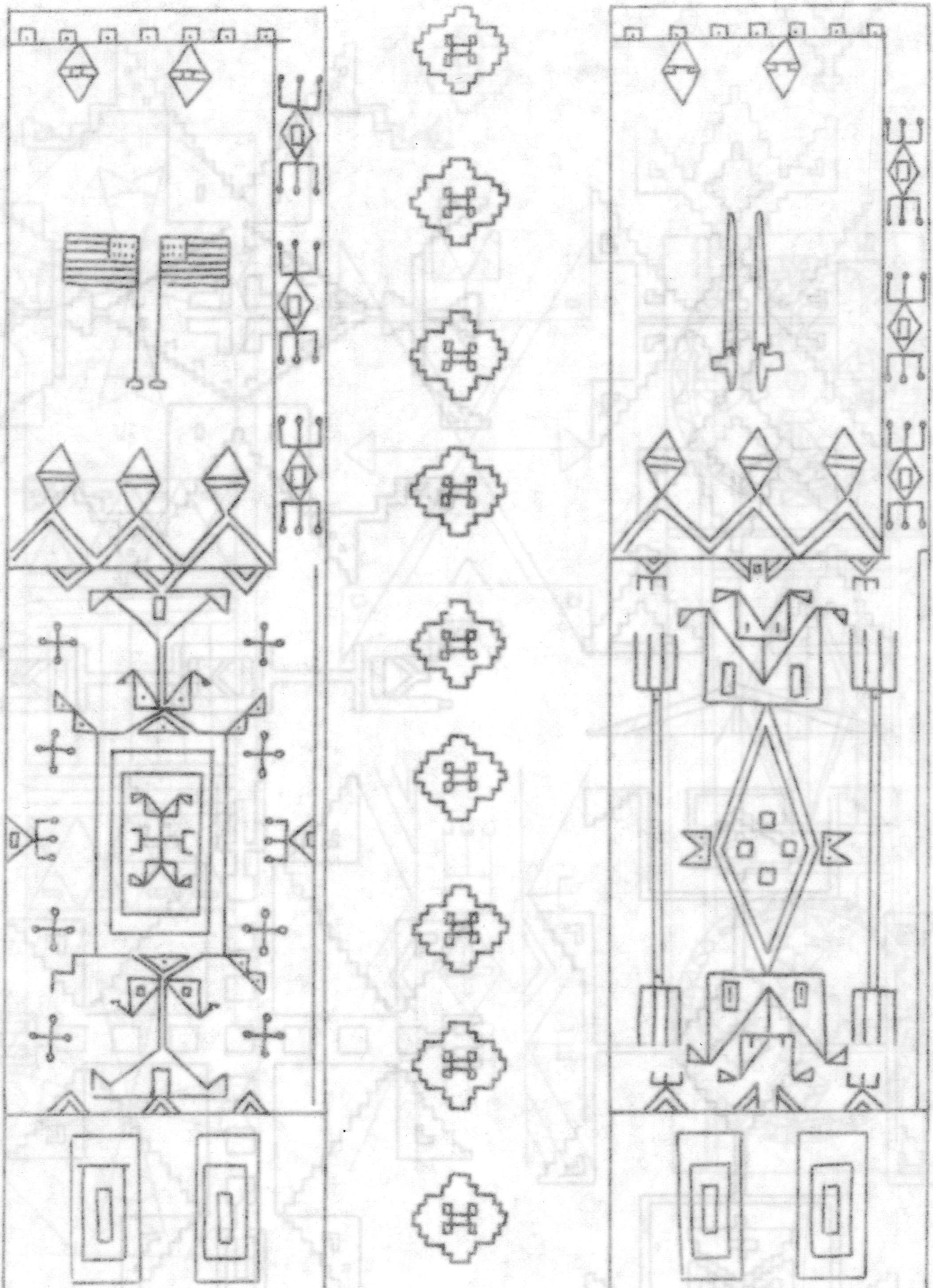

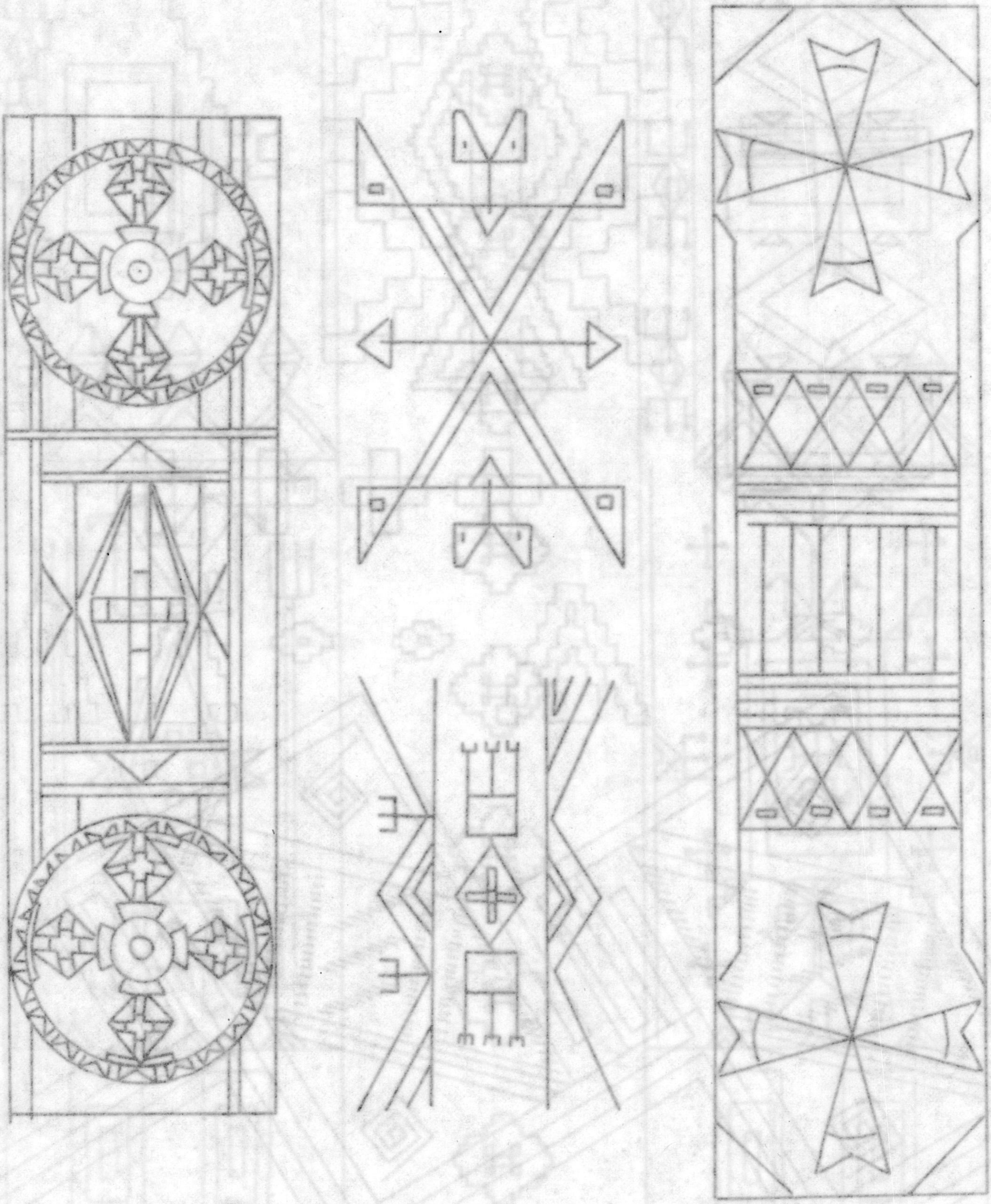

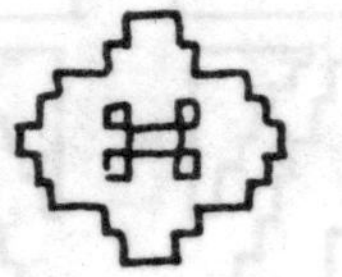

Test Pattern

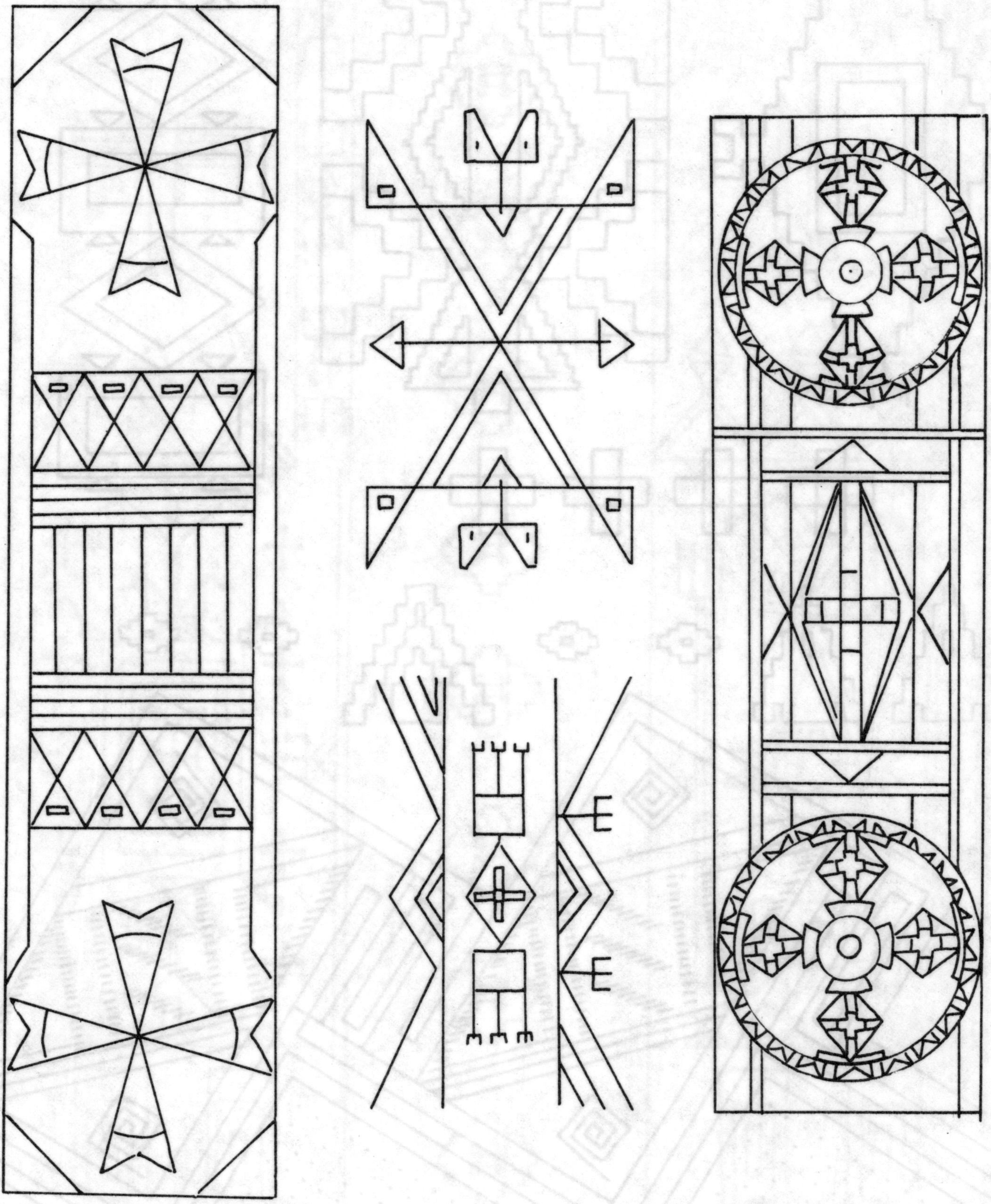

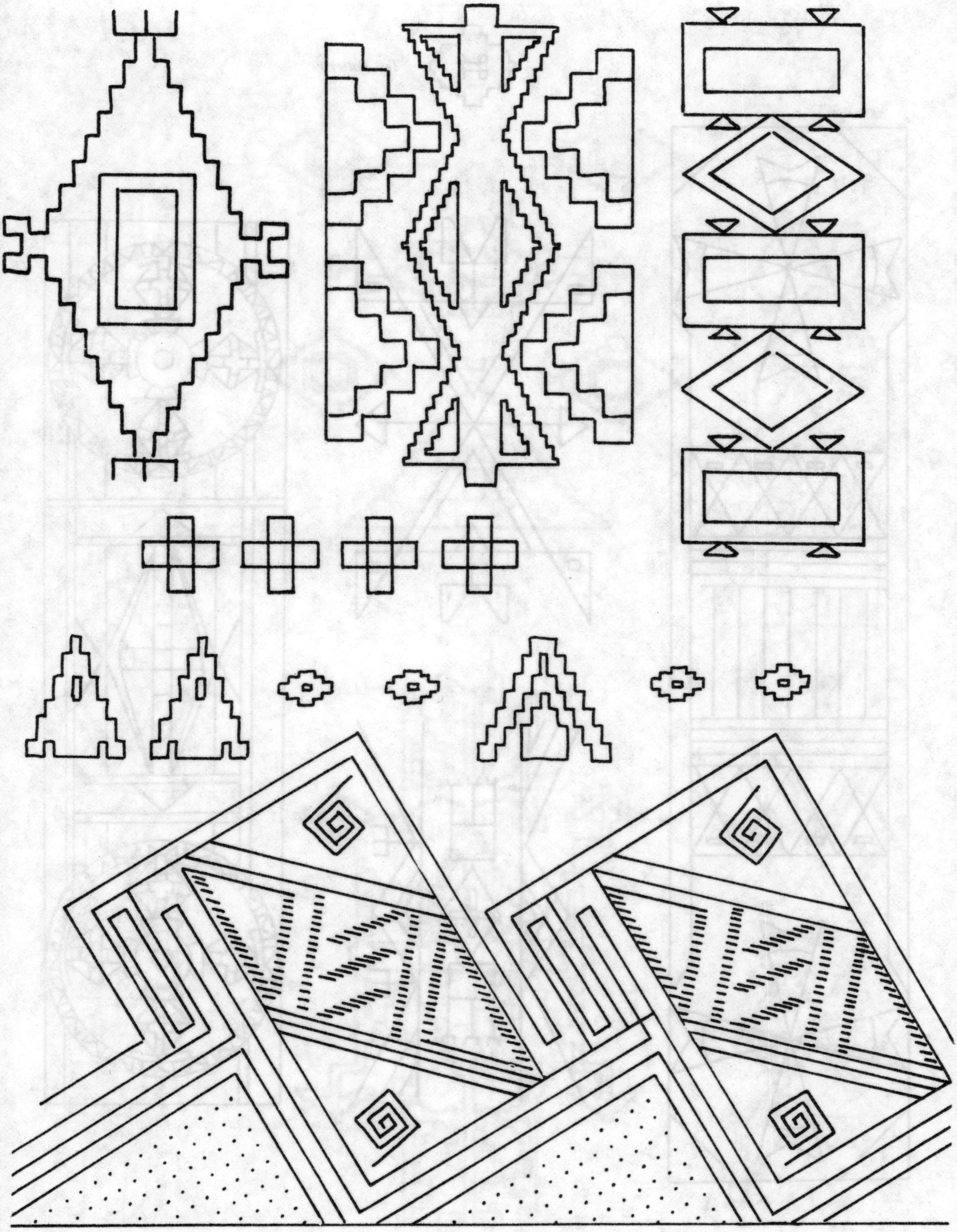

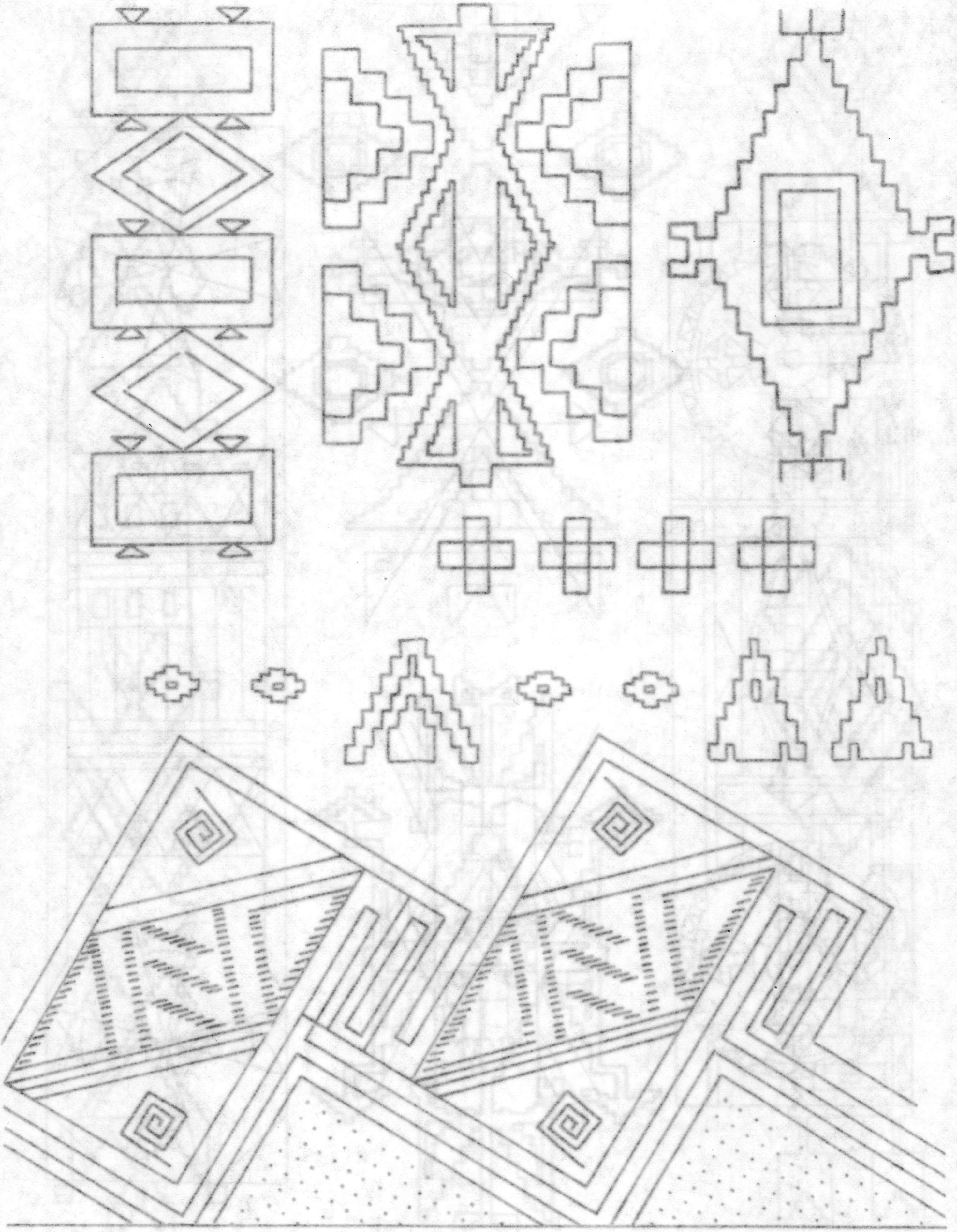

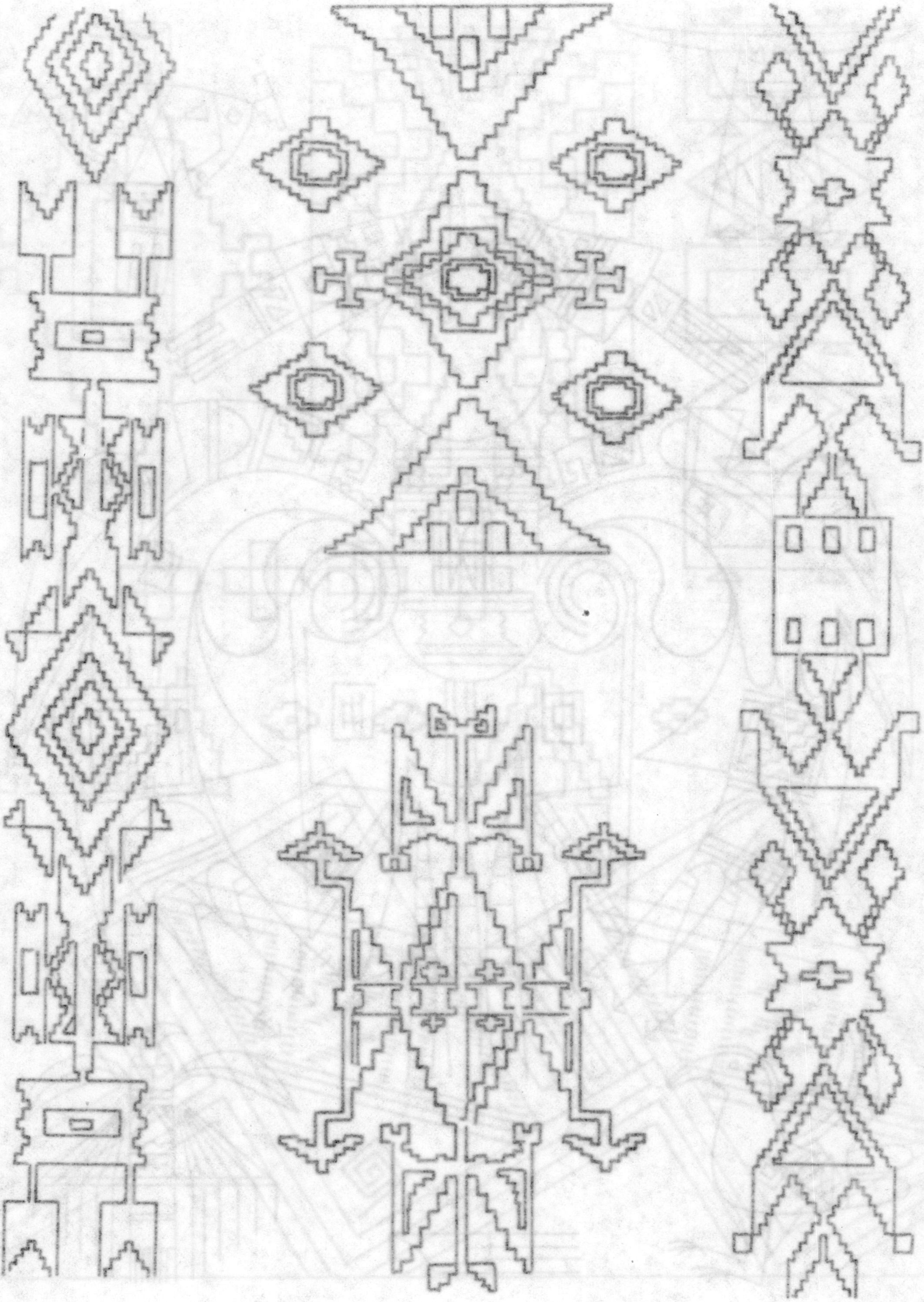

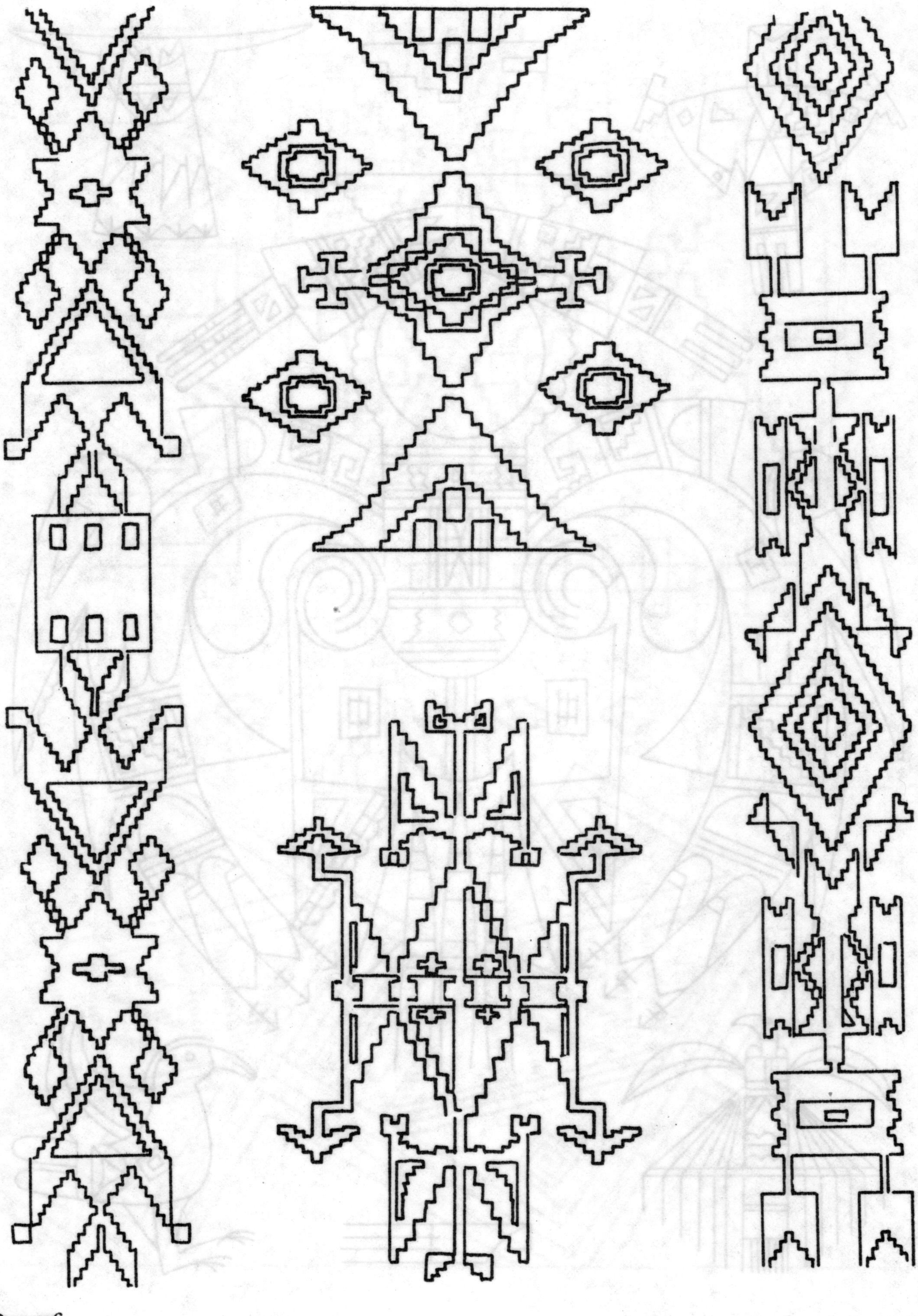

PLATE 6

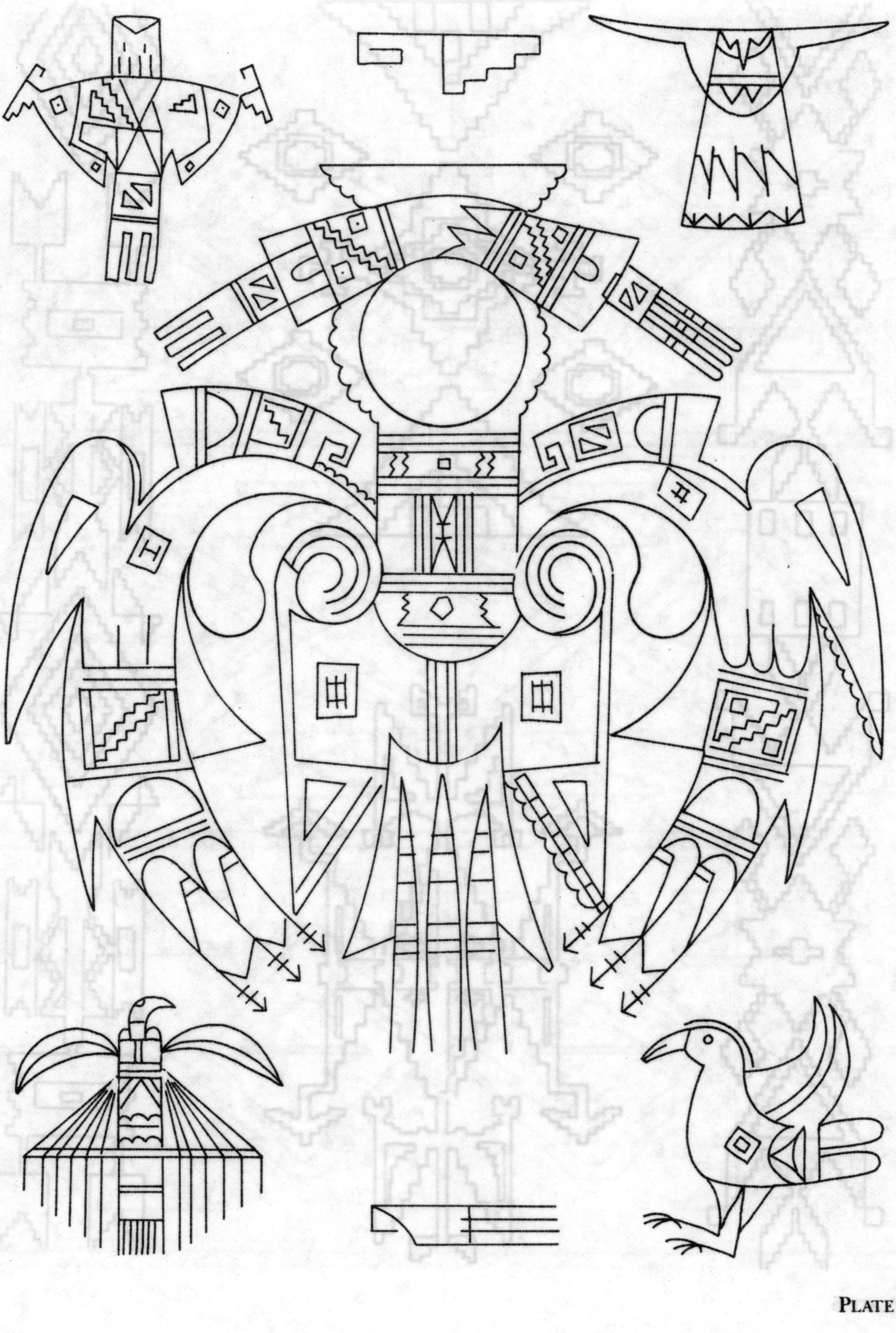

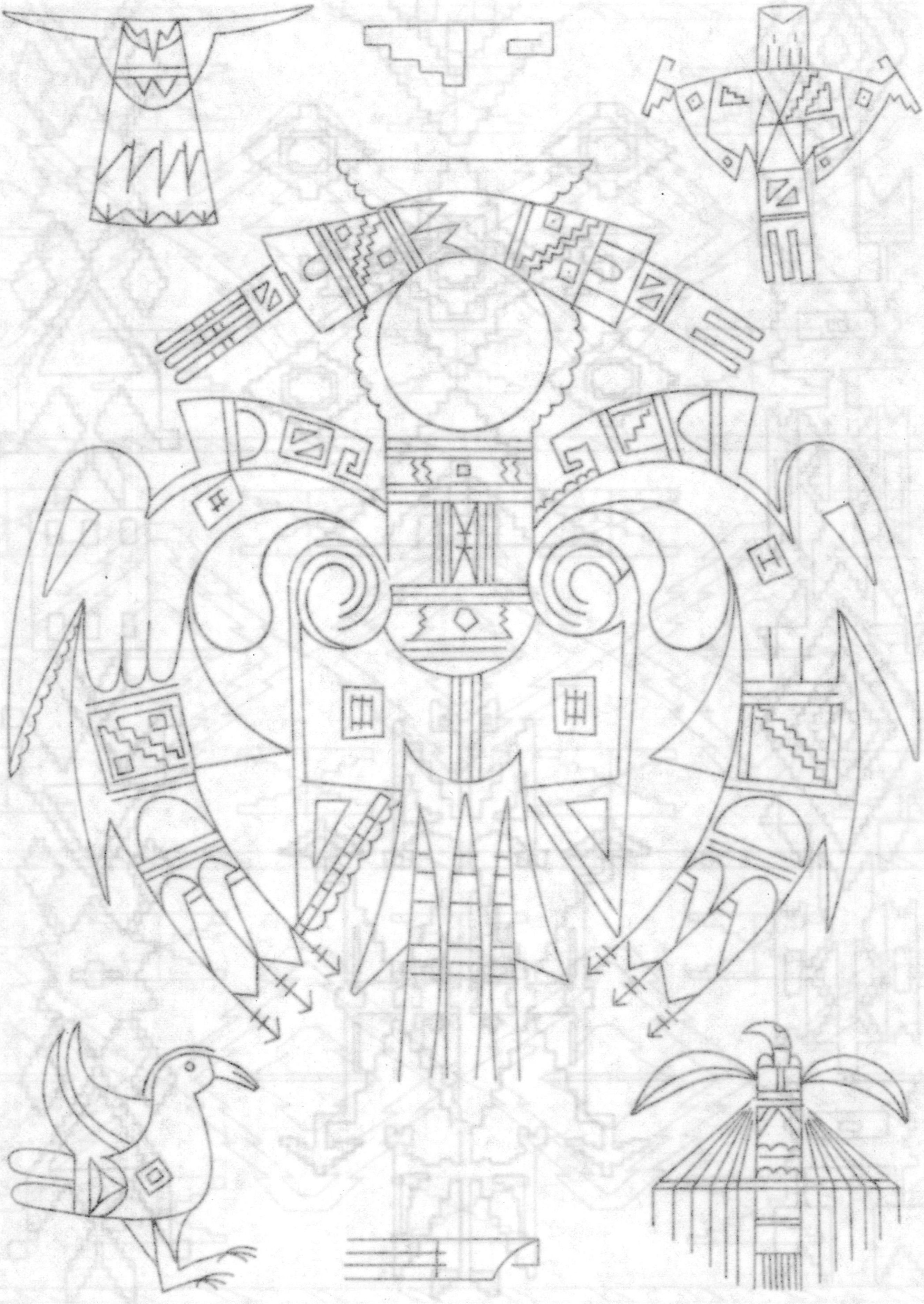

PLATE 7

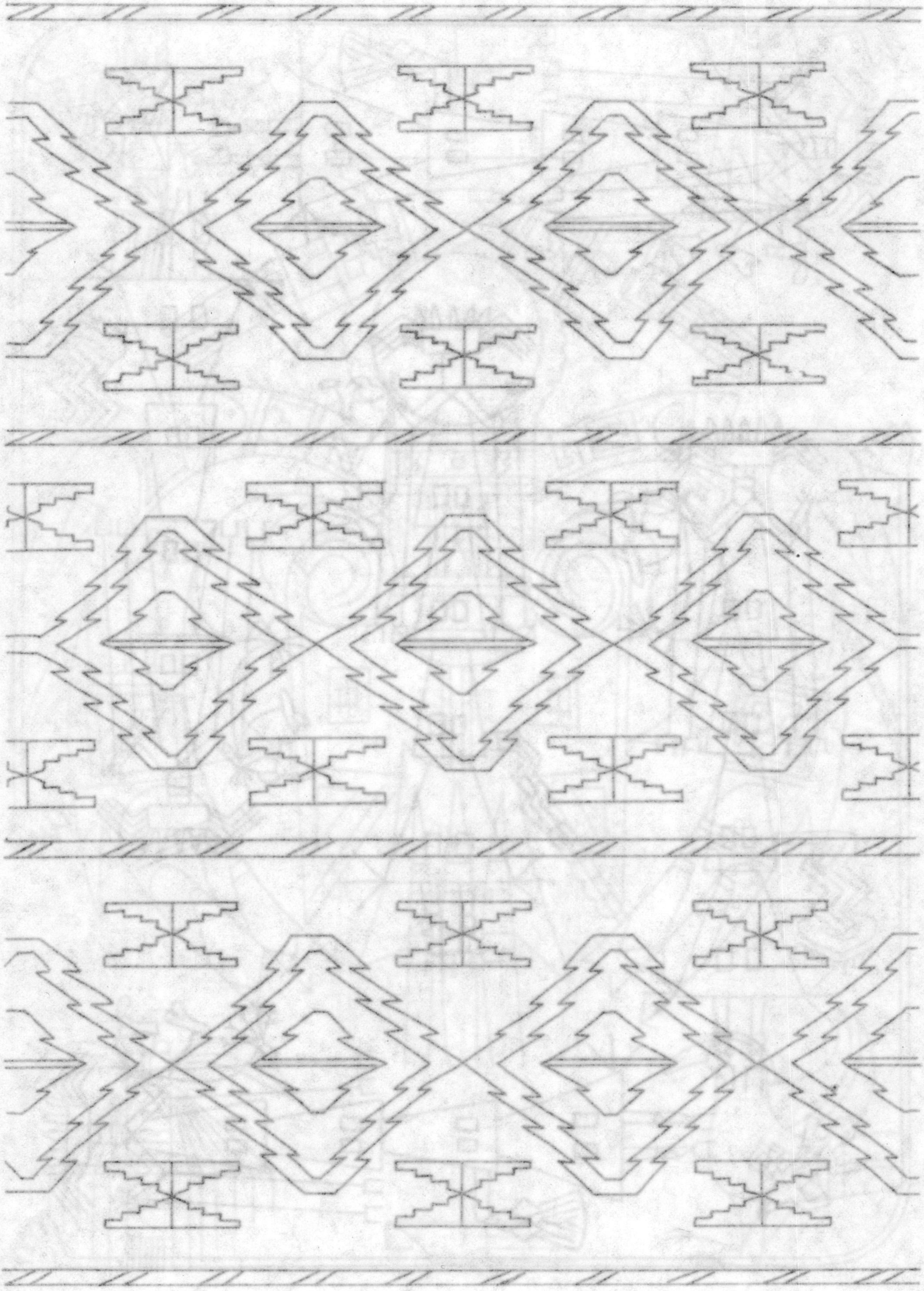

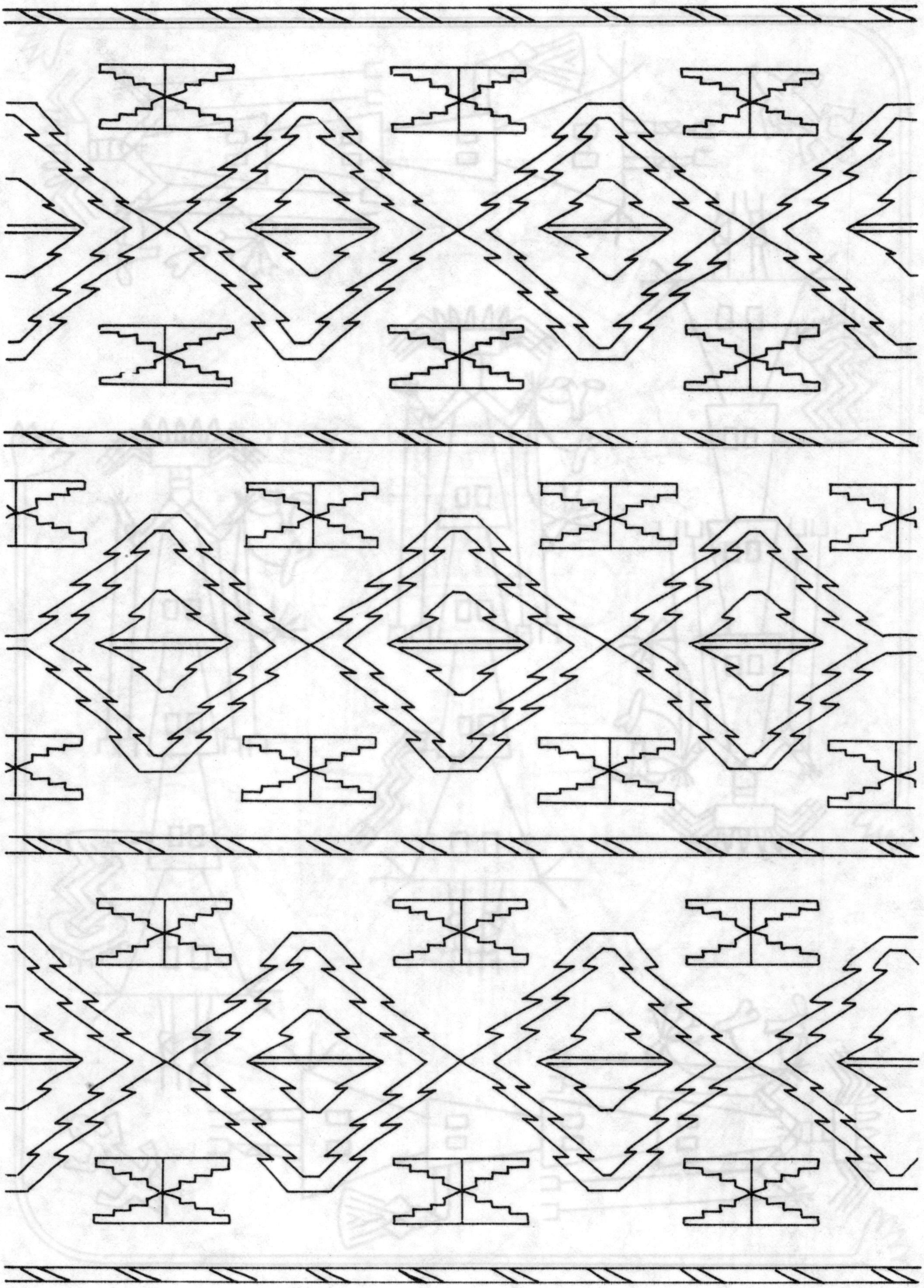

PLATE 8

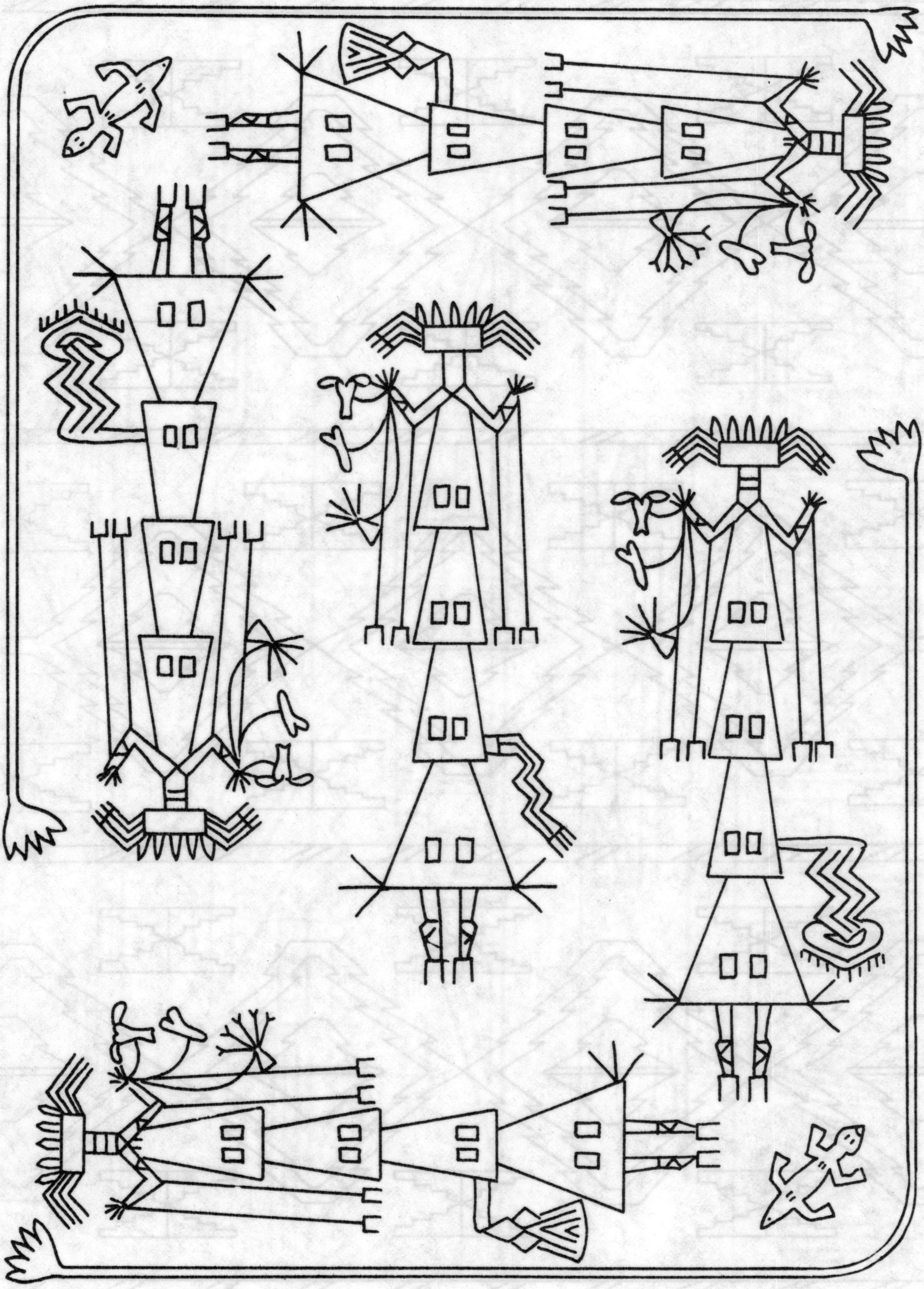

PLATE 9

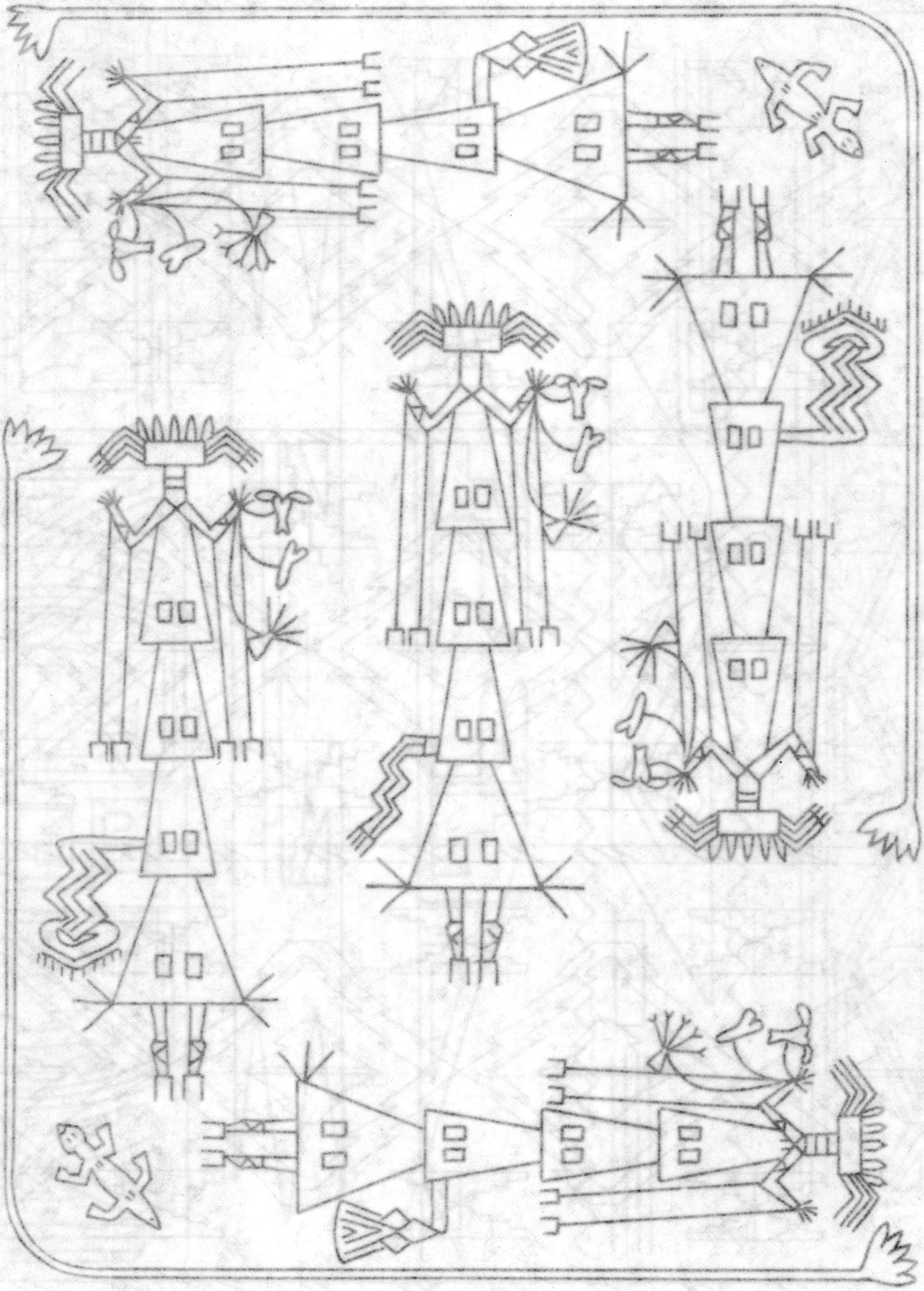

Test Pattern

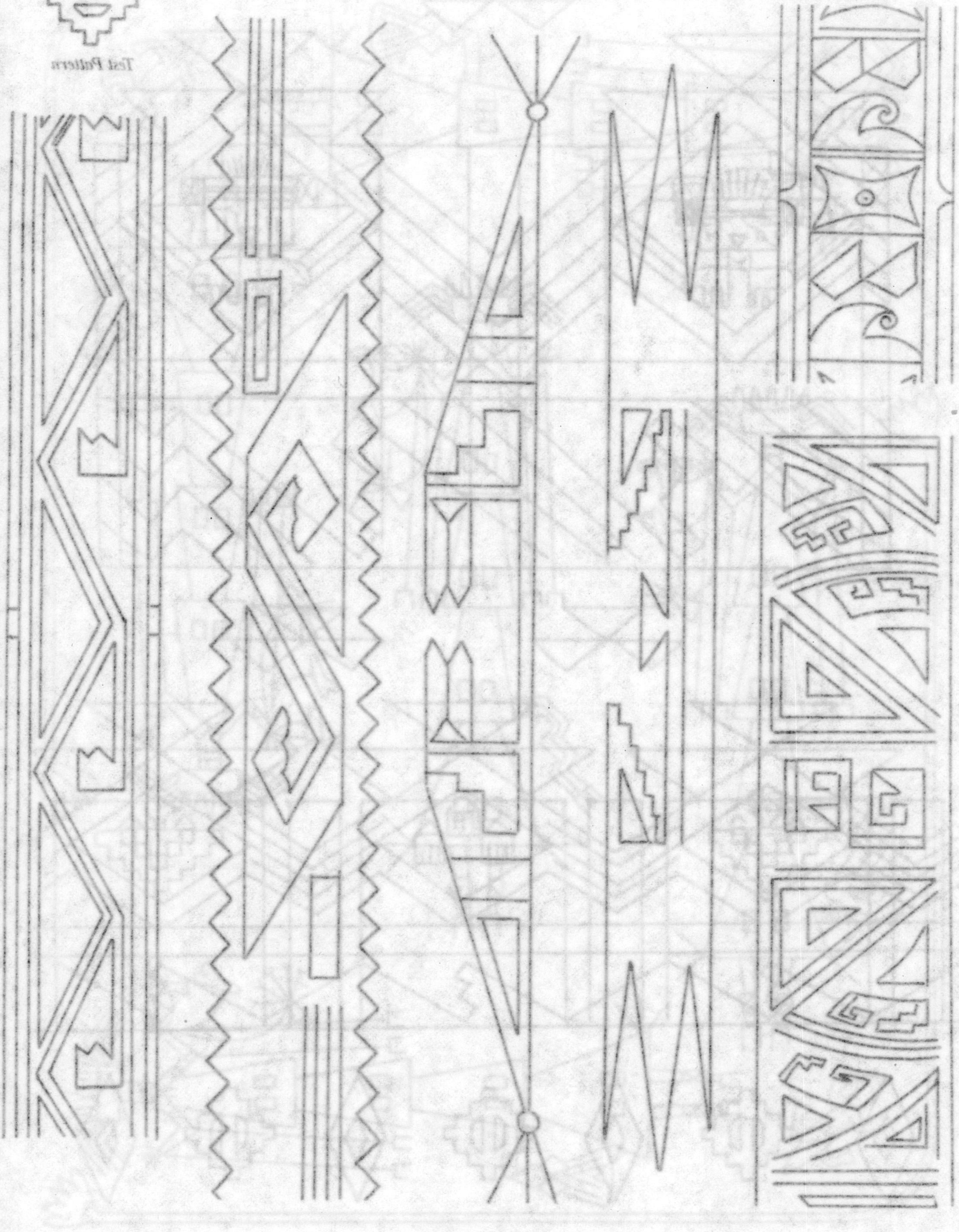

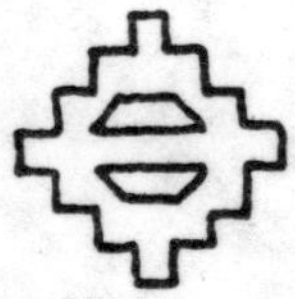

Test Pattern

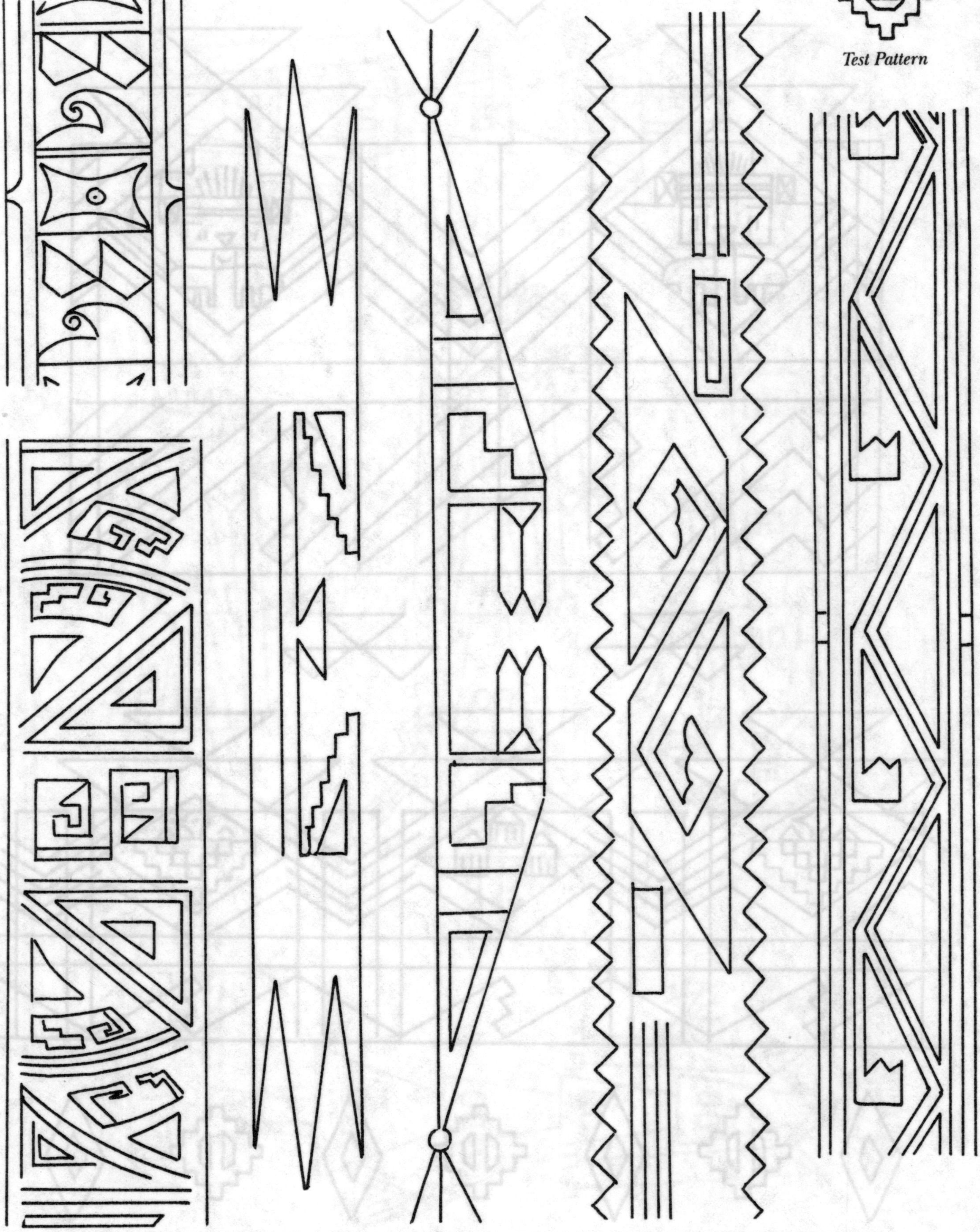

PLATE 10

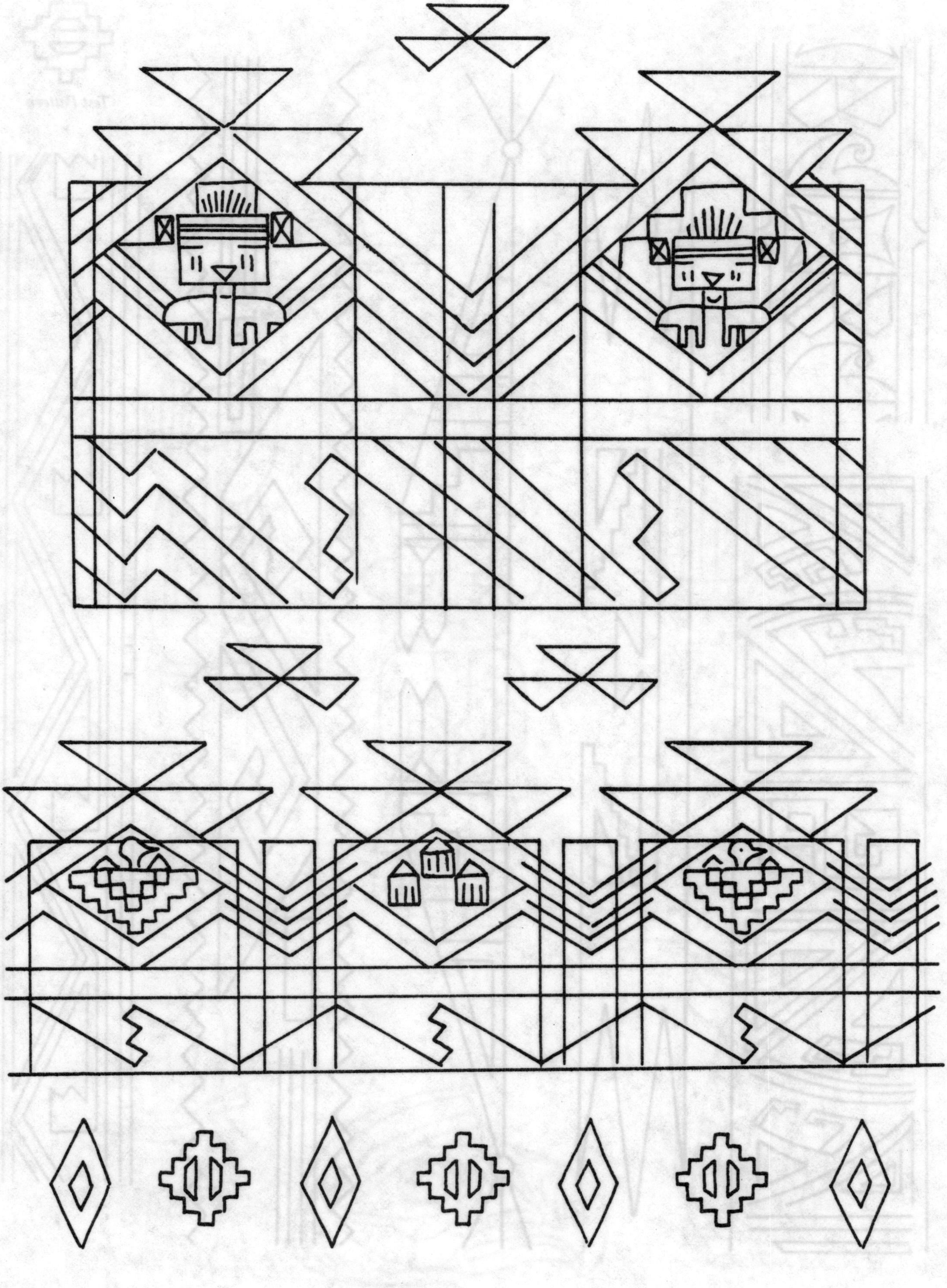

PLATE 11

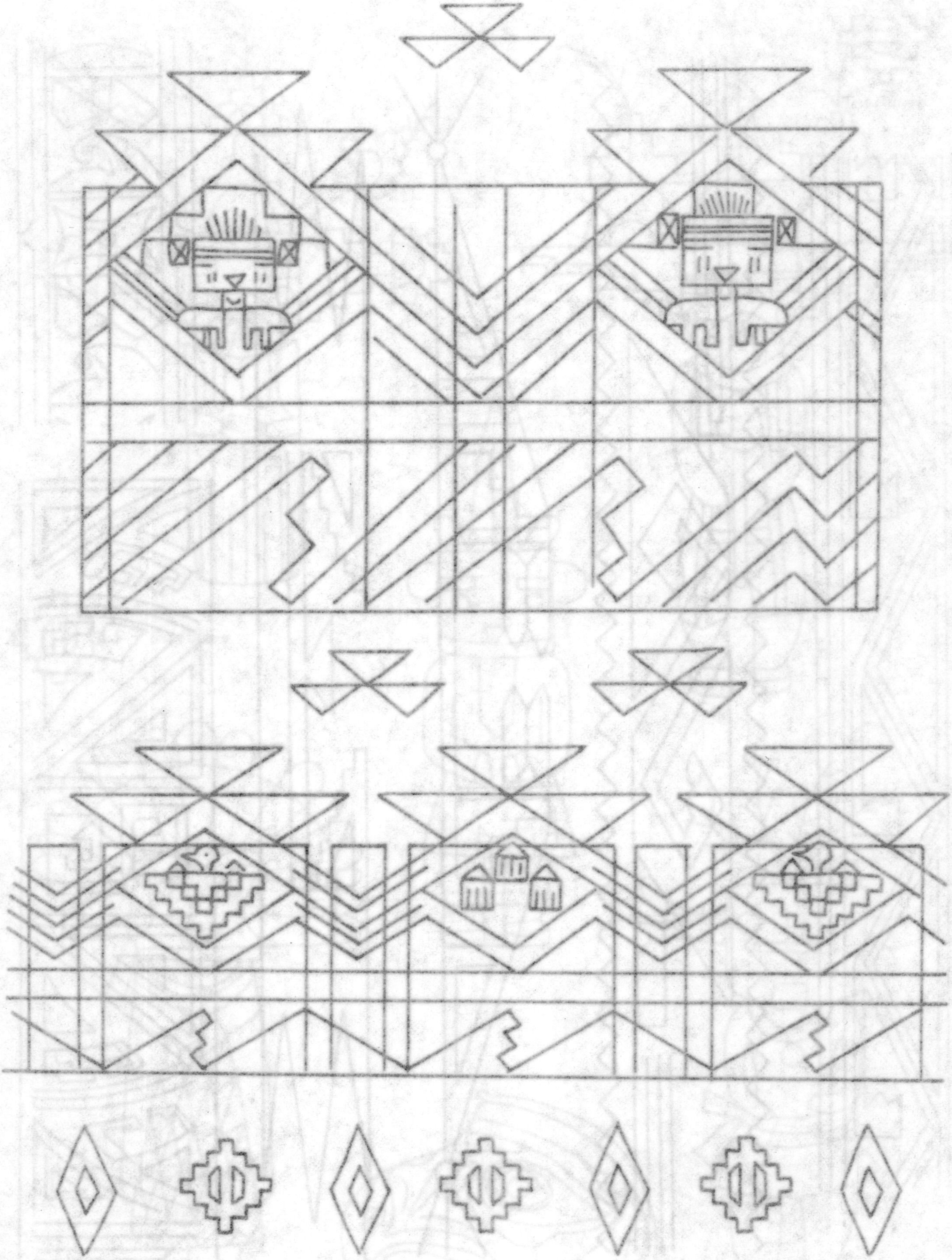

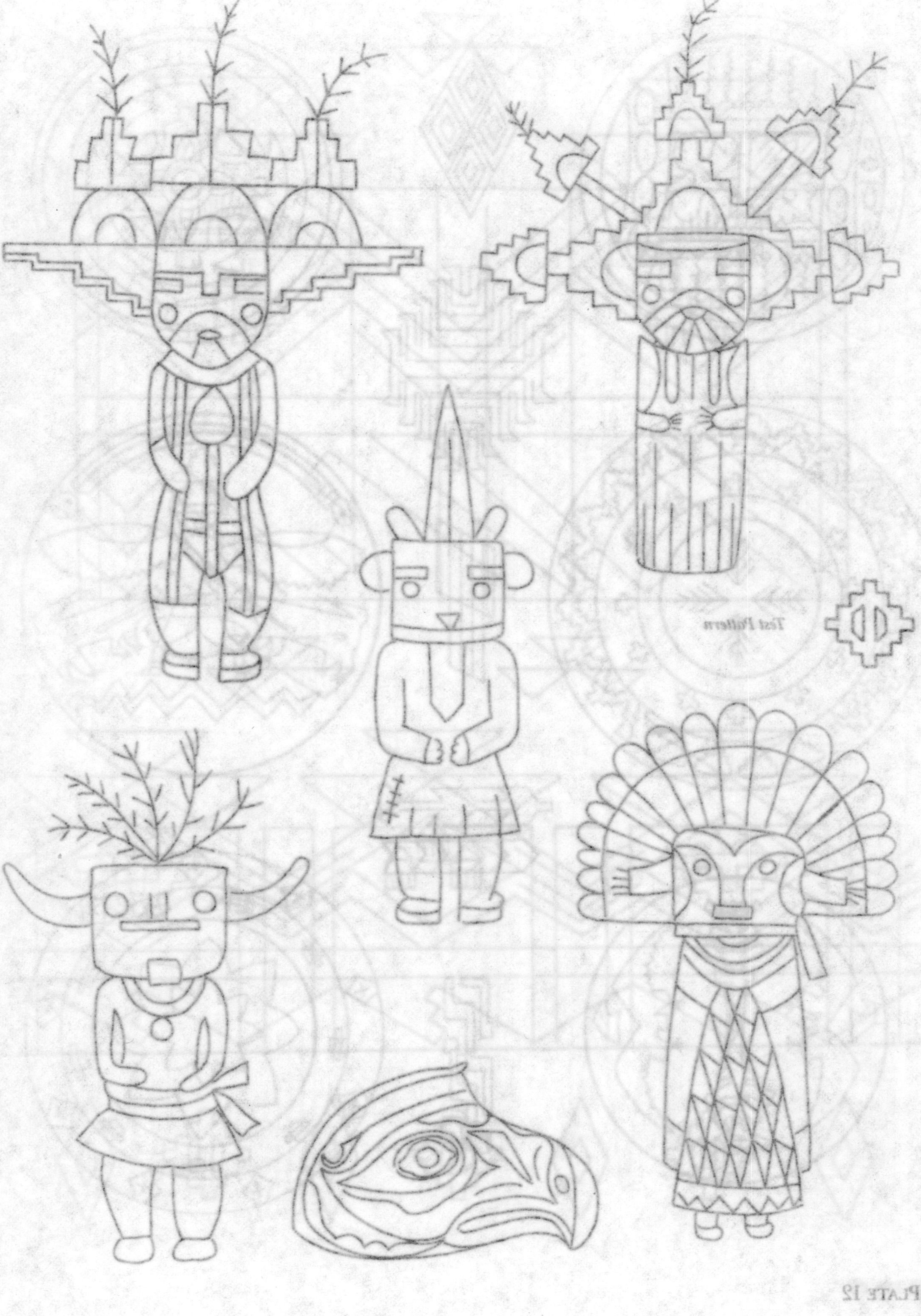

PLATE 12

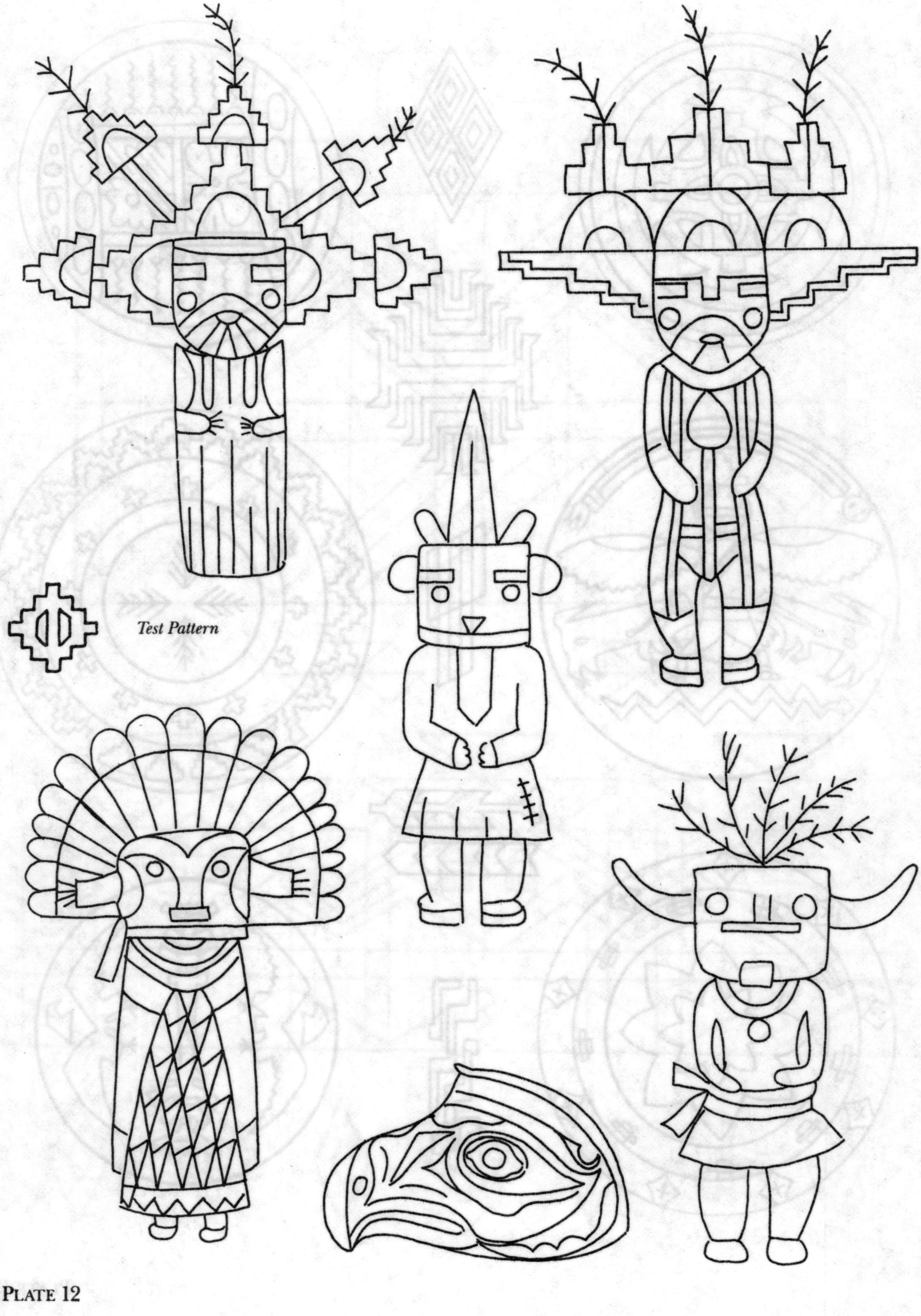
Test Pattern

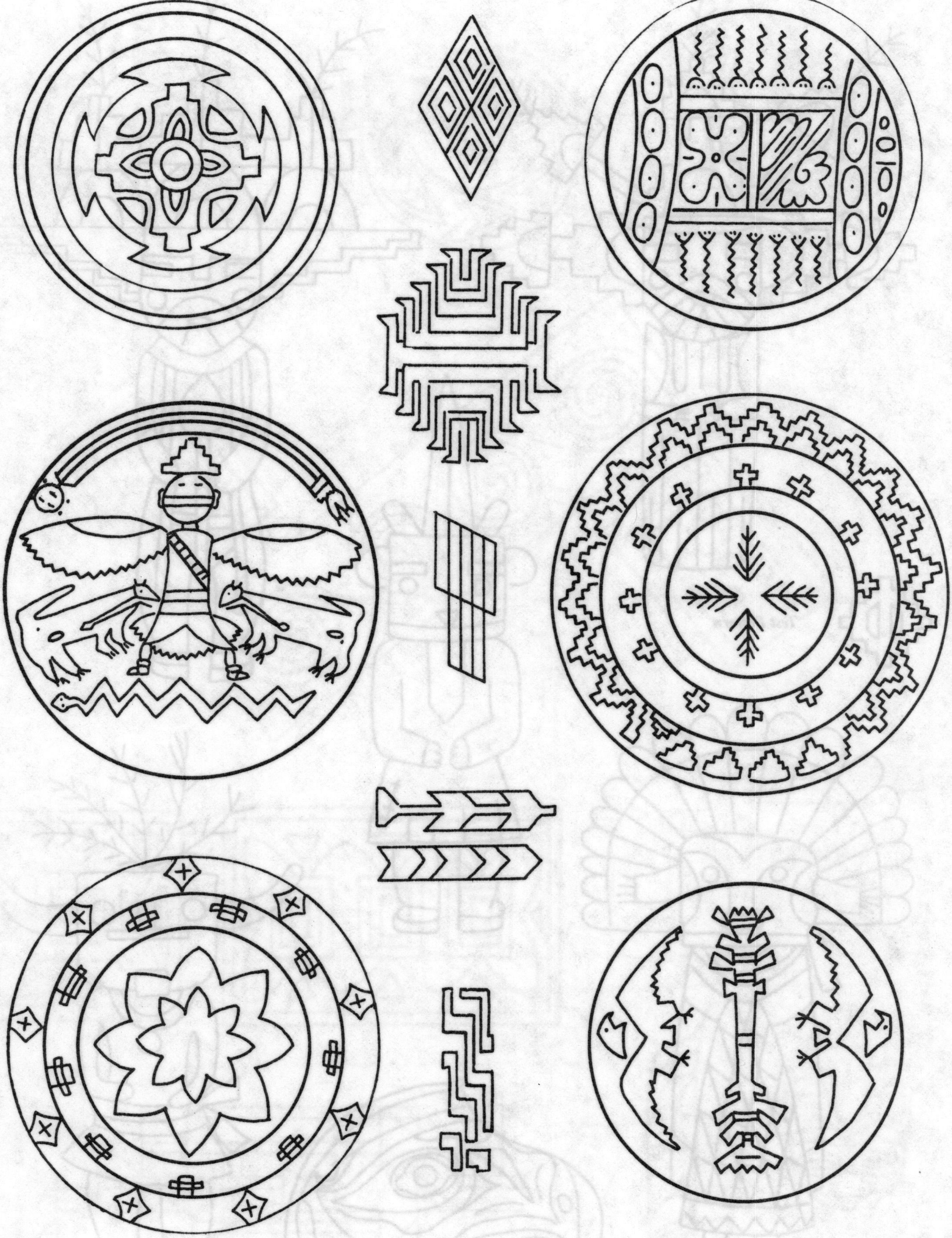

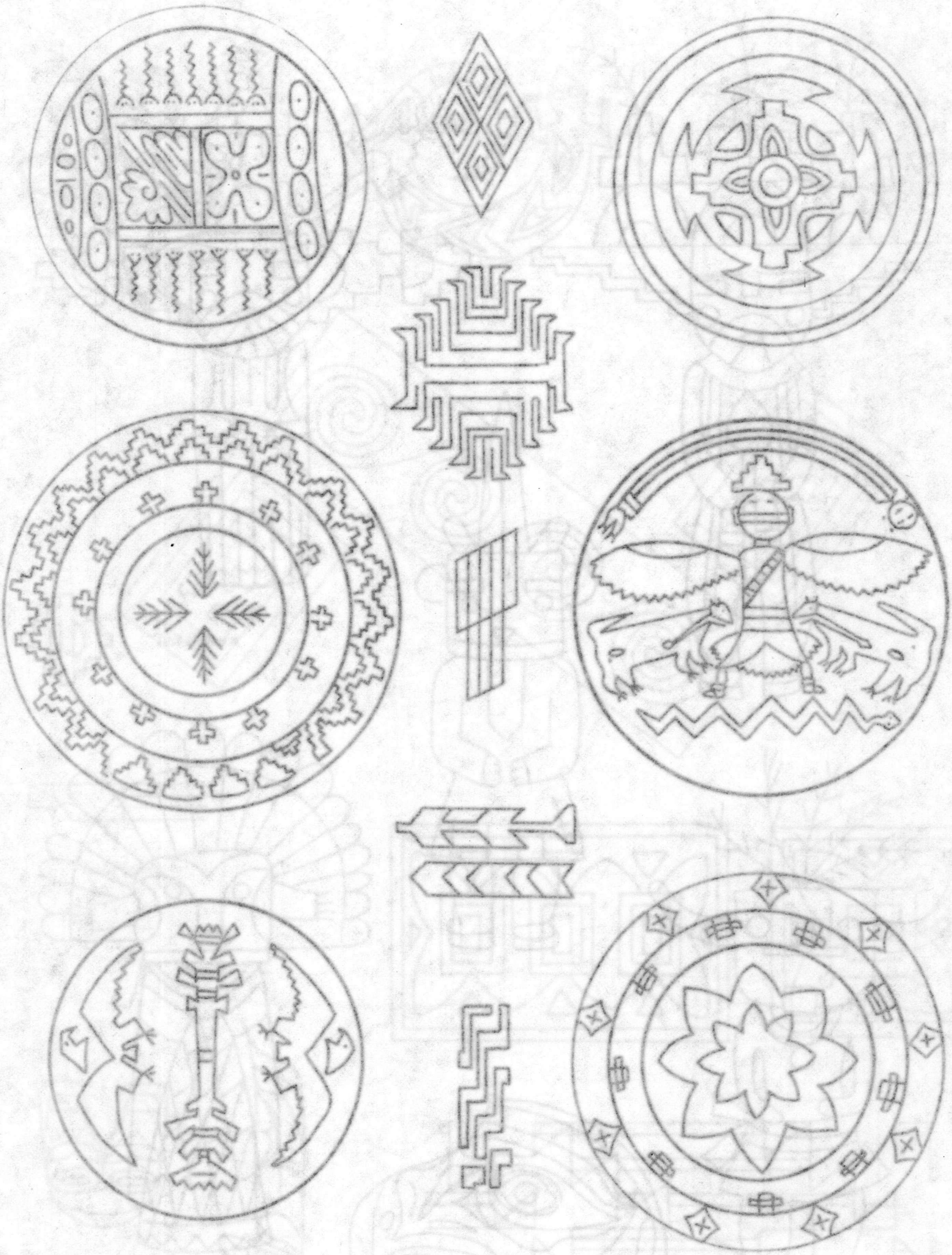

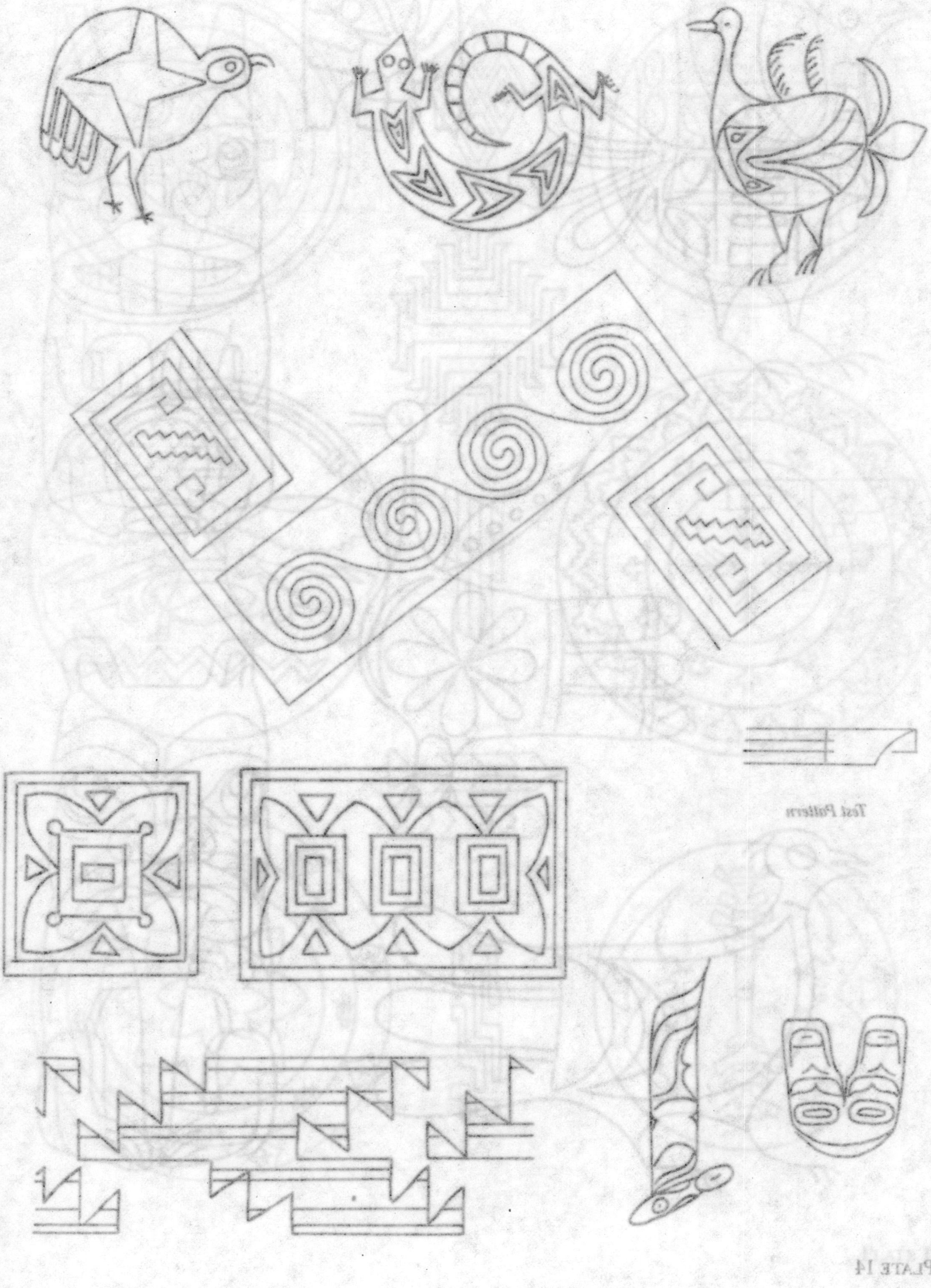
Test Pattern

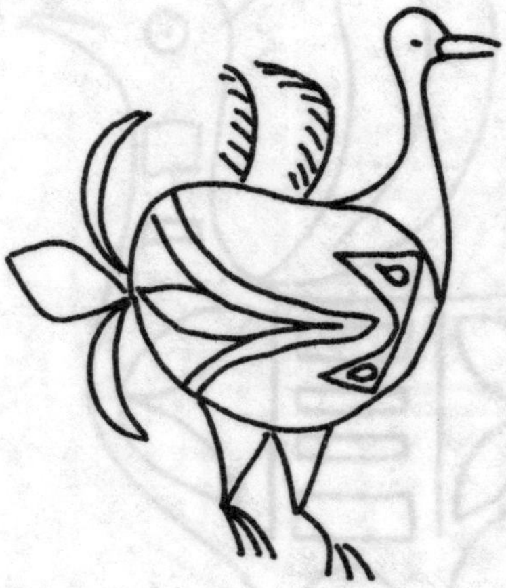

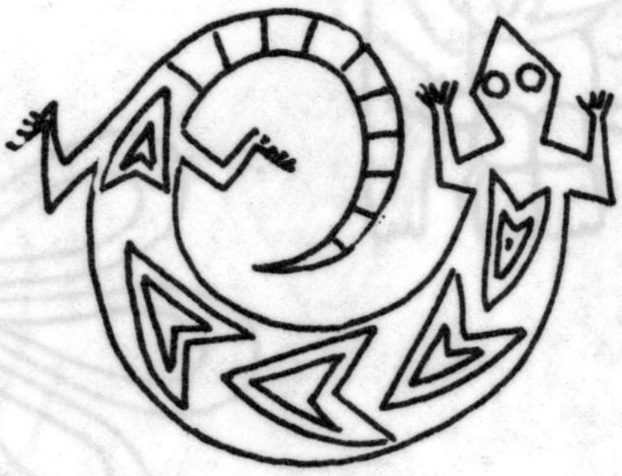

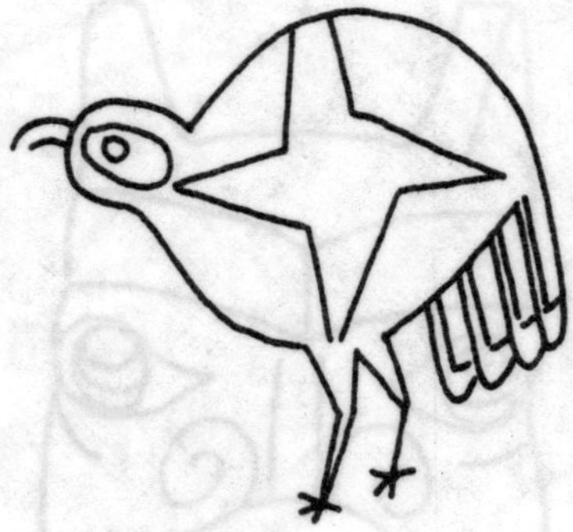

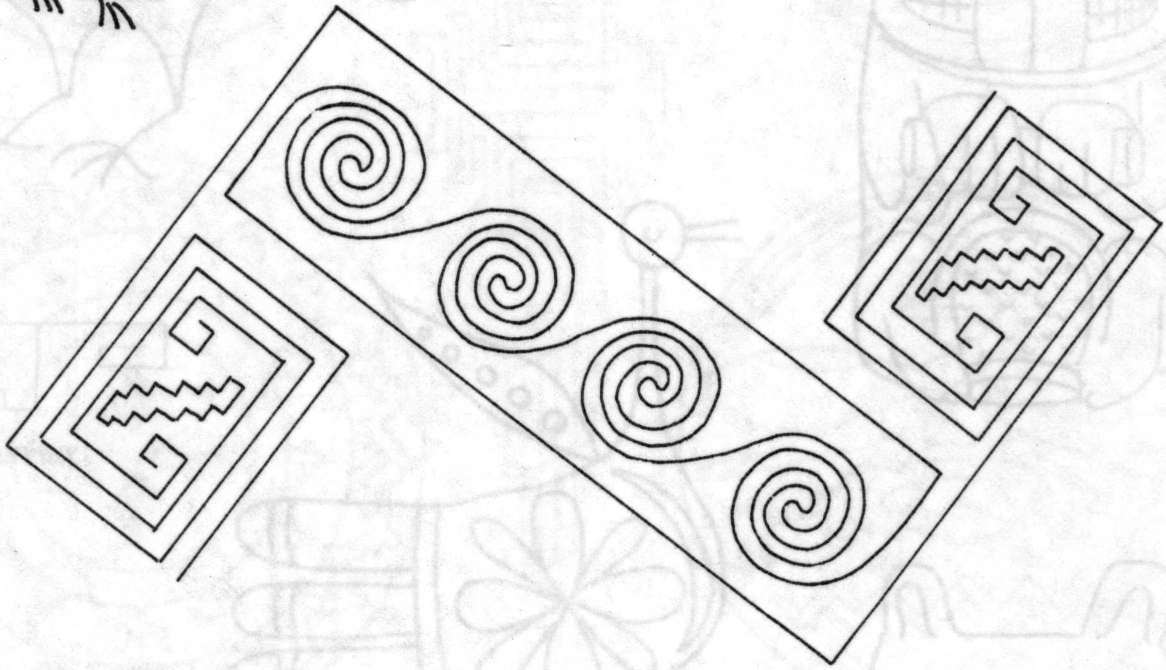

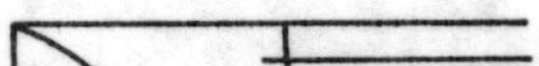

Test Pattern

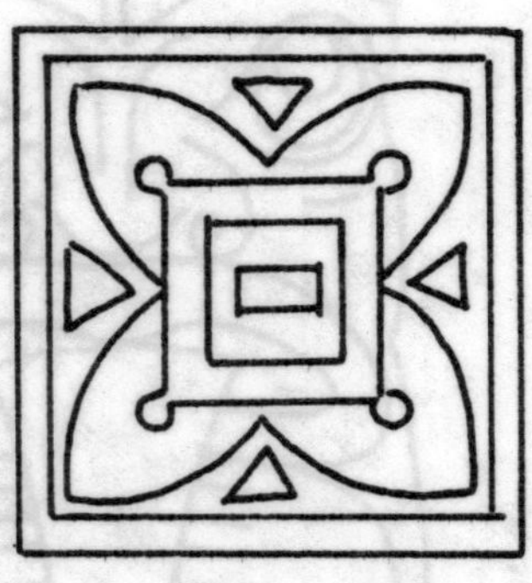

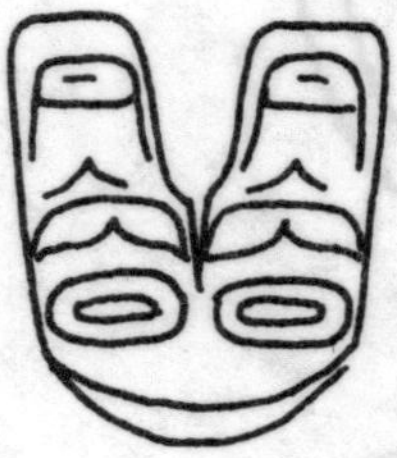

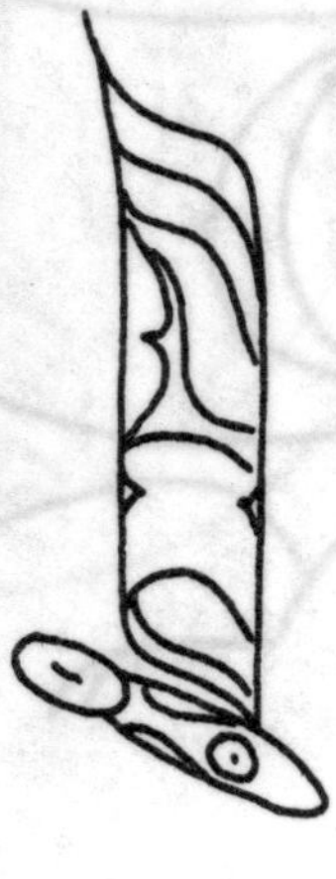

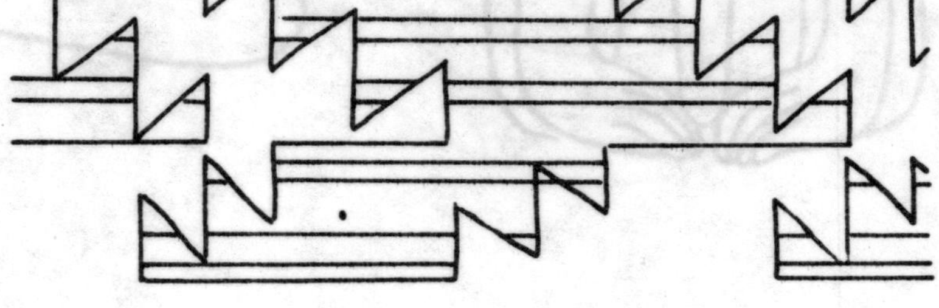

PLATE 14

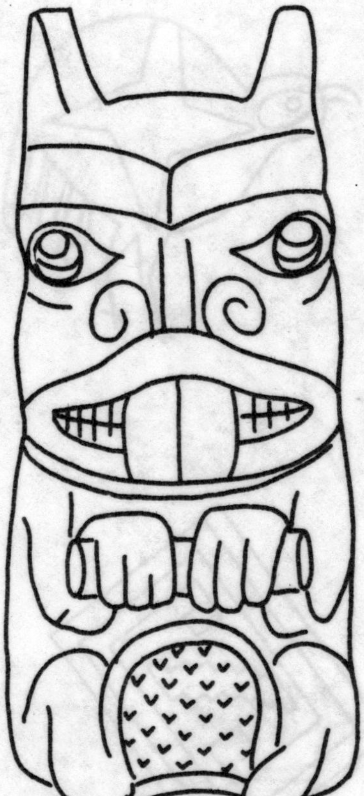

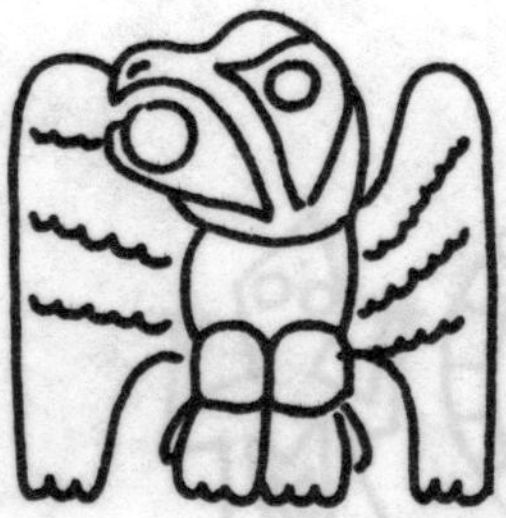

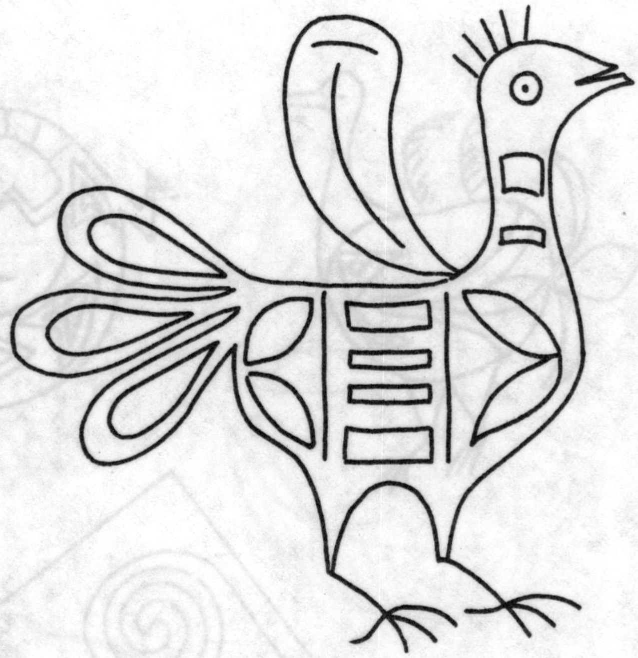

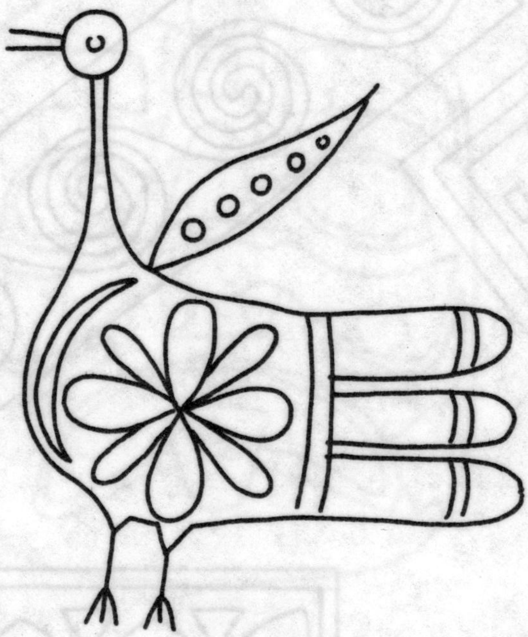

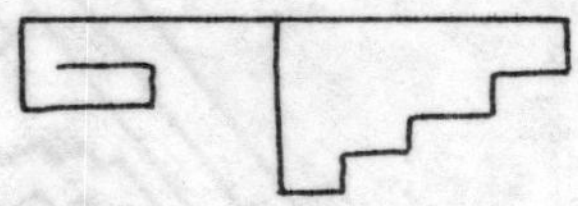

Test Pattern

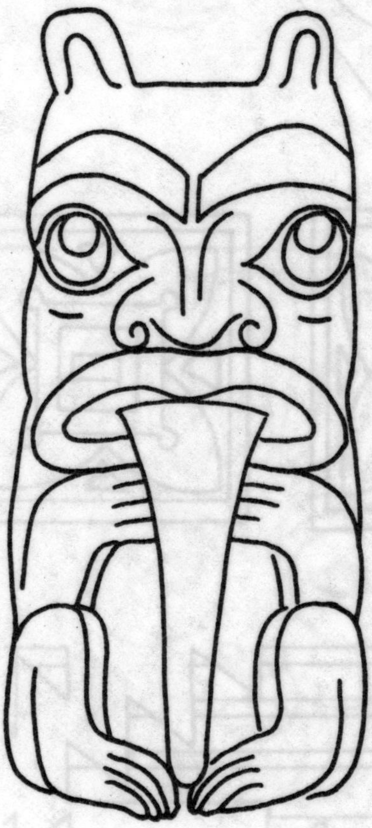

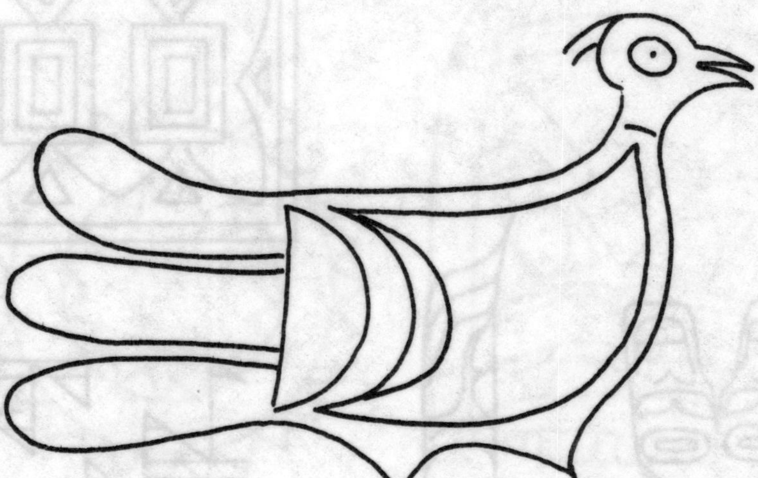

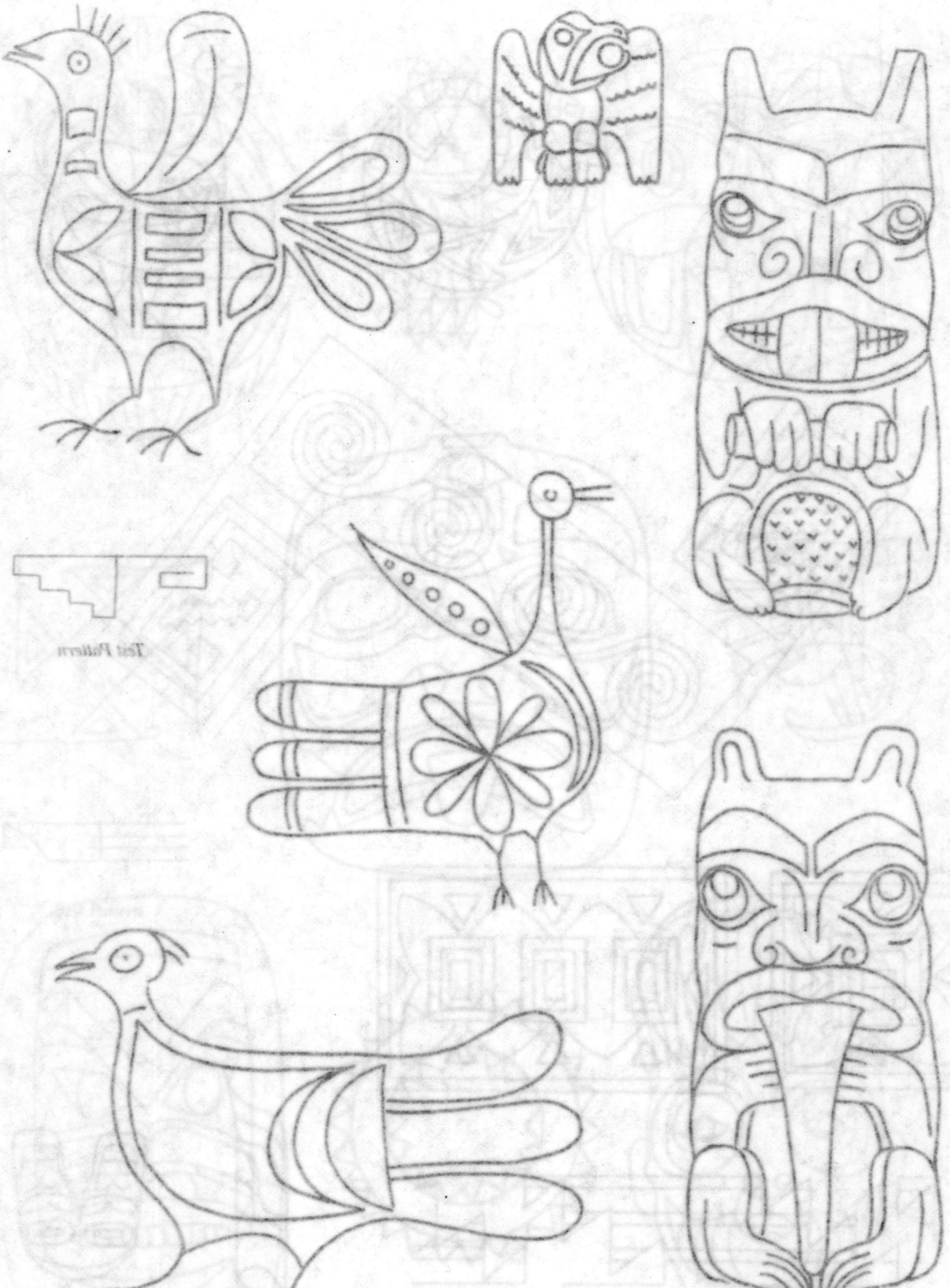
Test Pattern

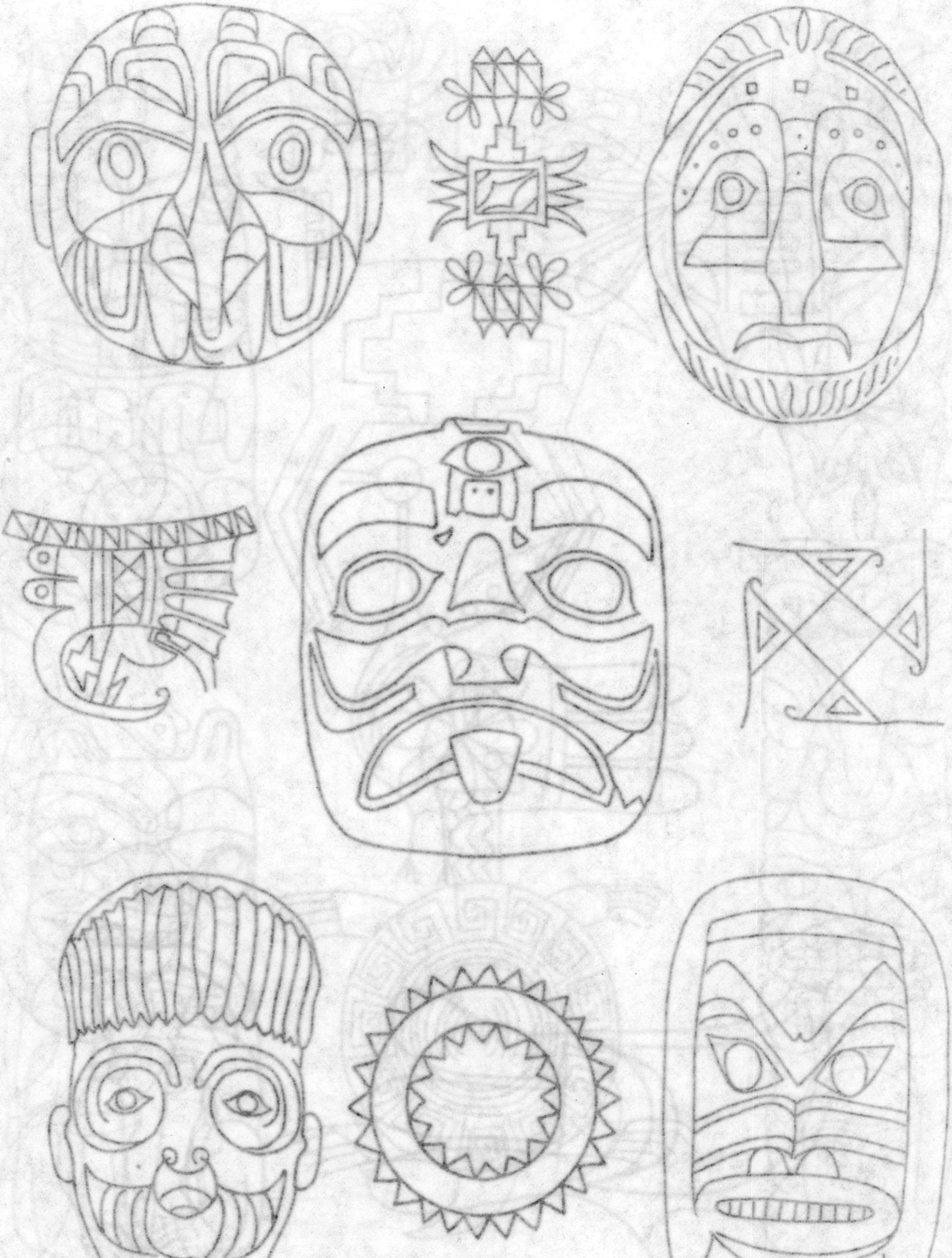

PLATE 16

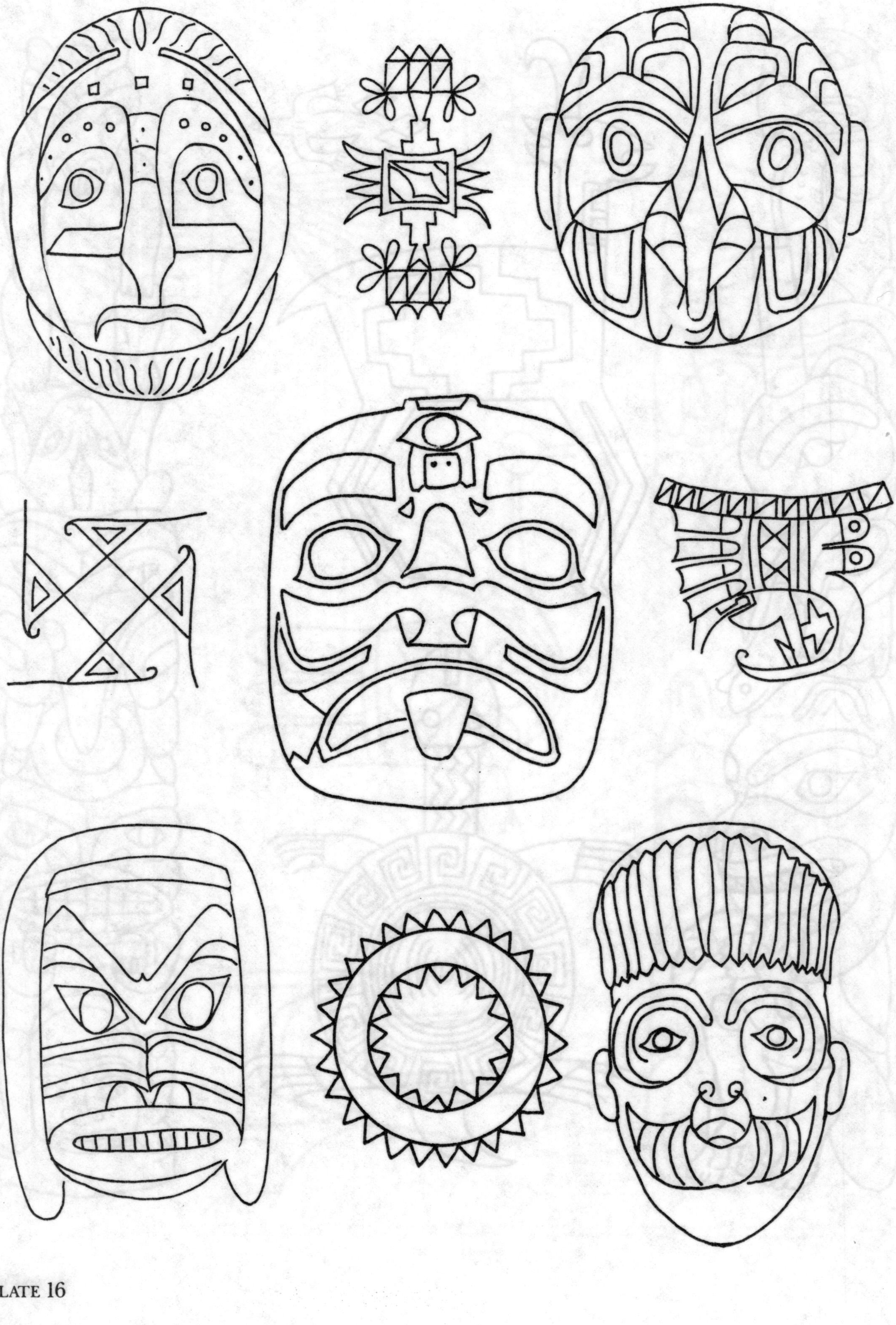

PLATE 16

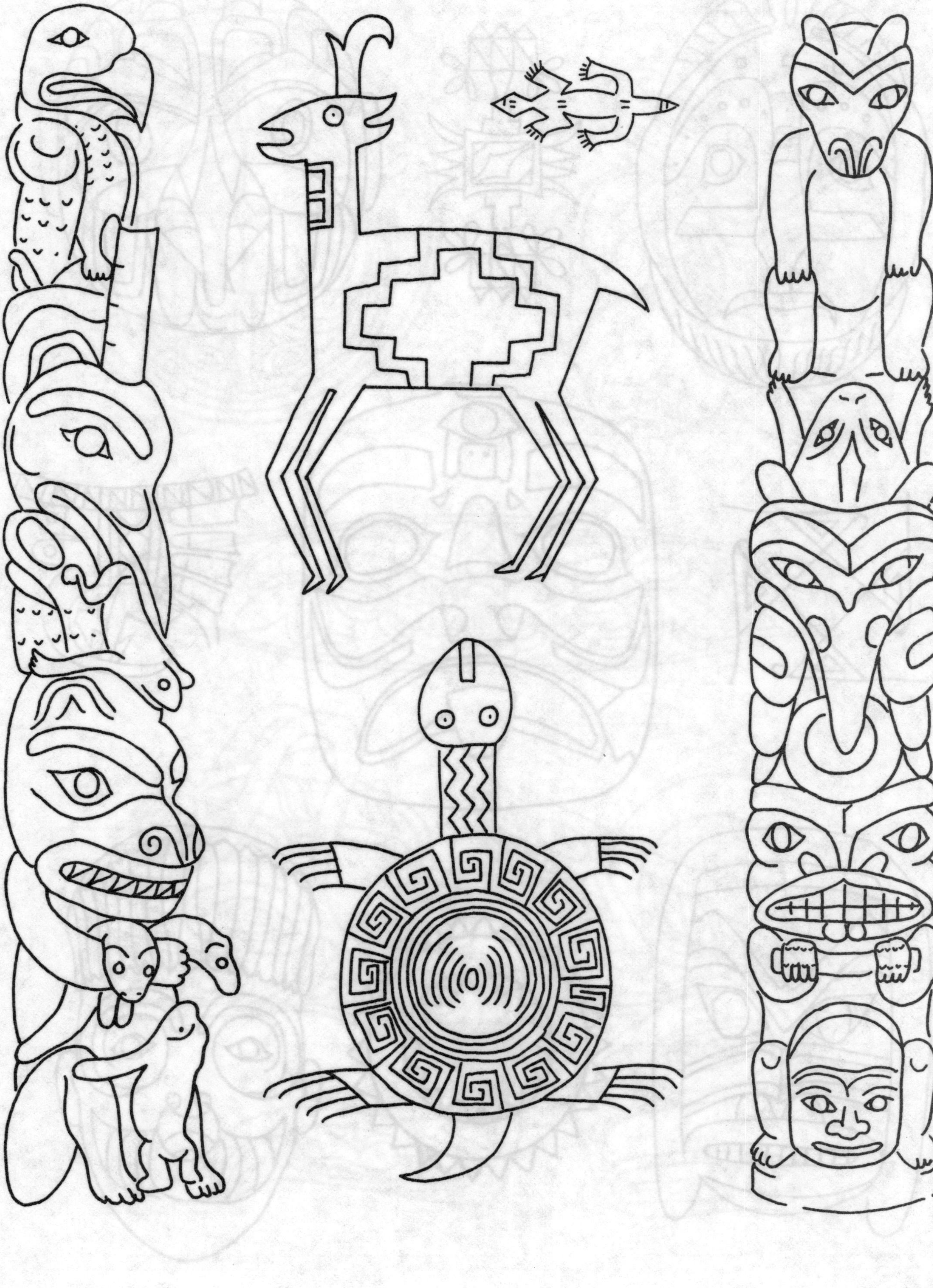

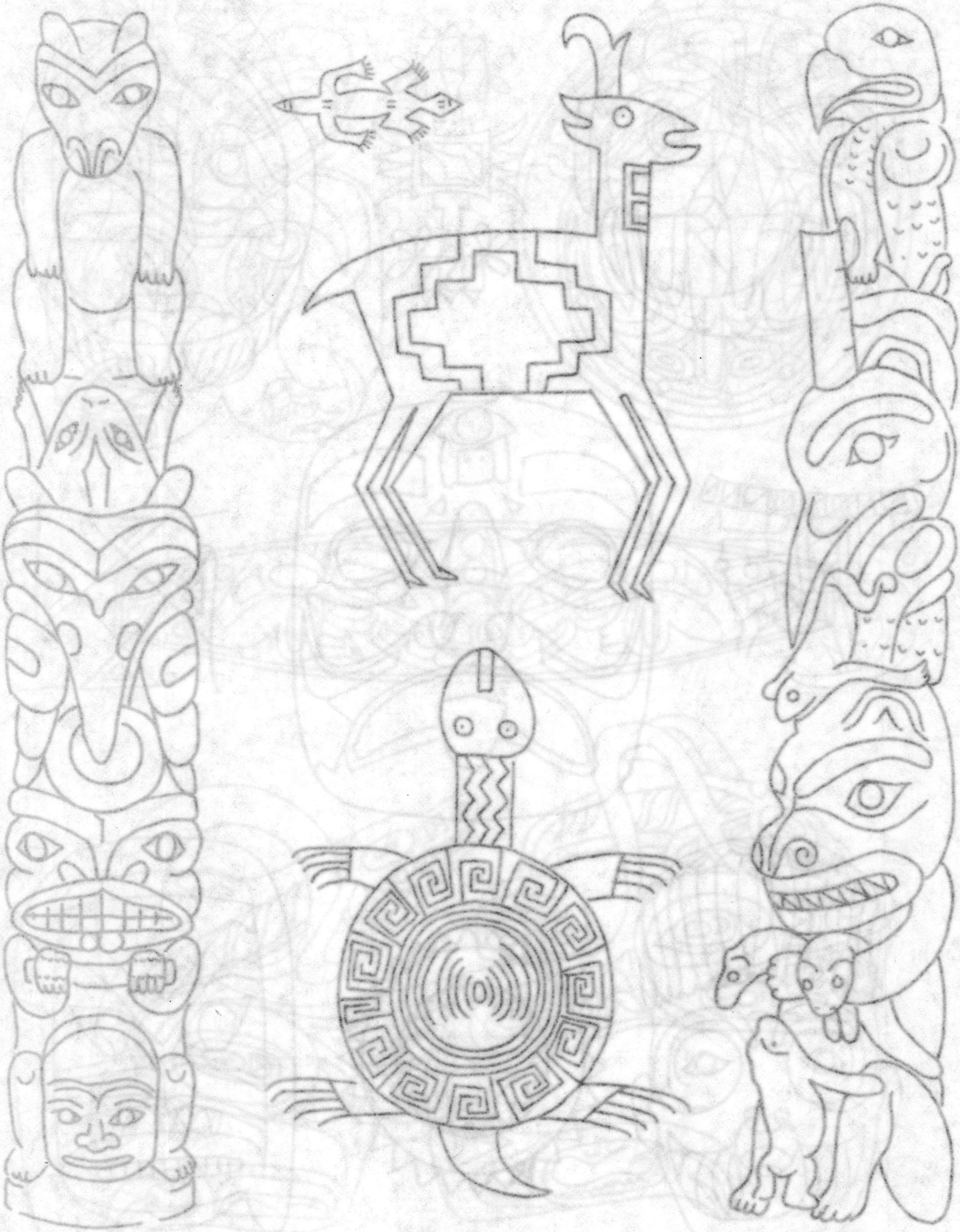

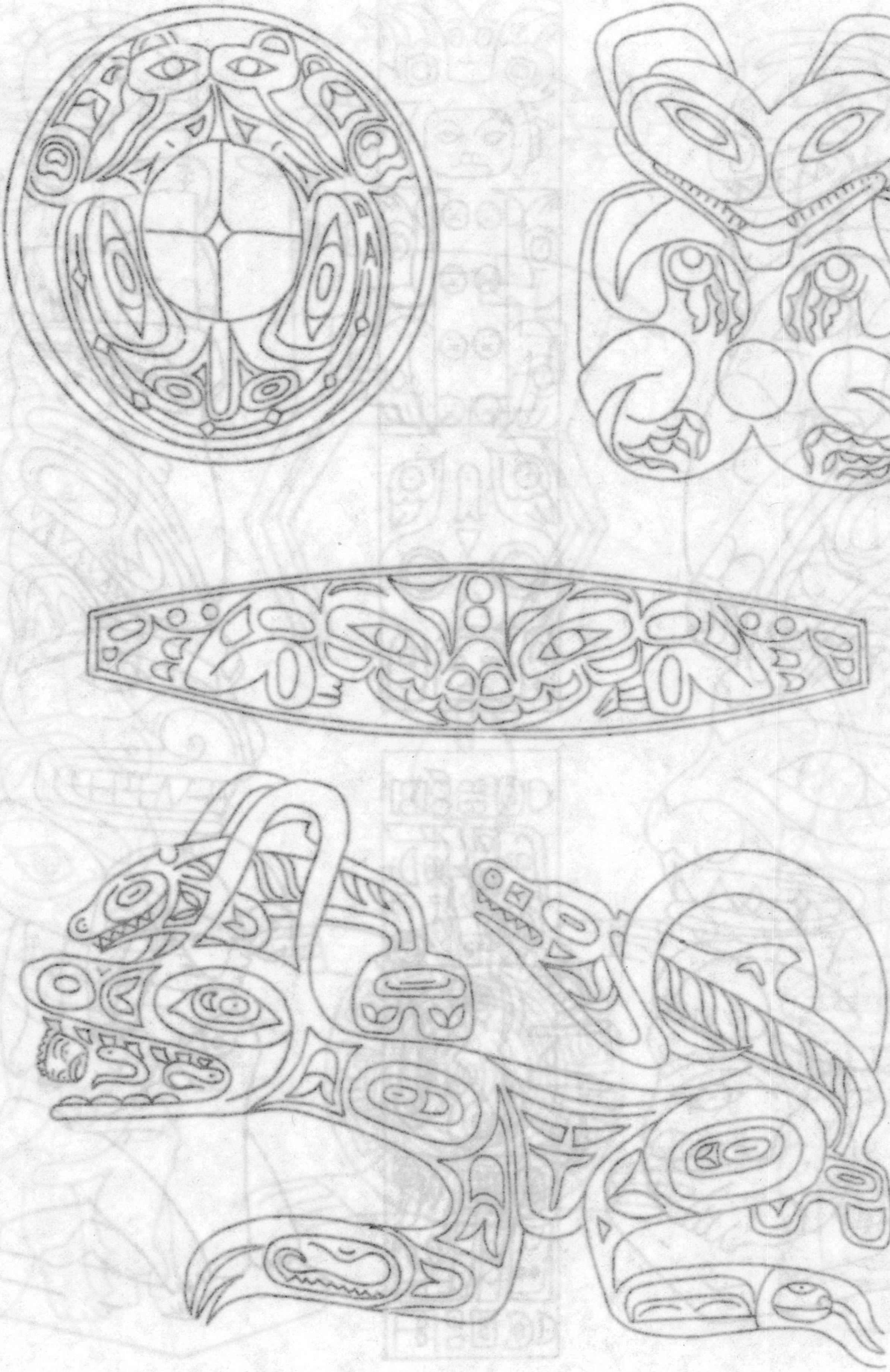

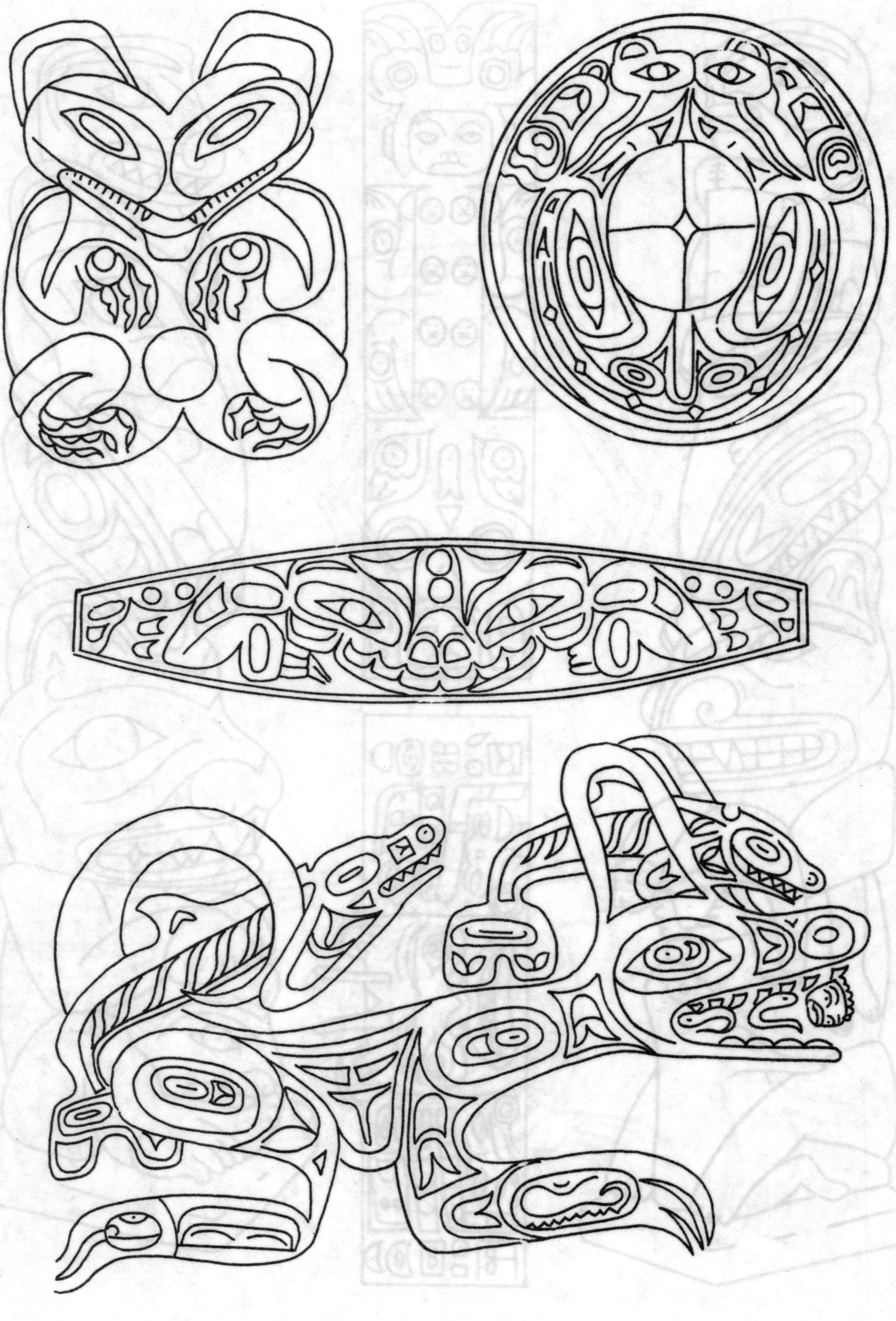

PLATE 18

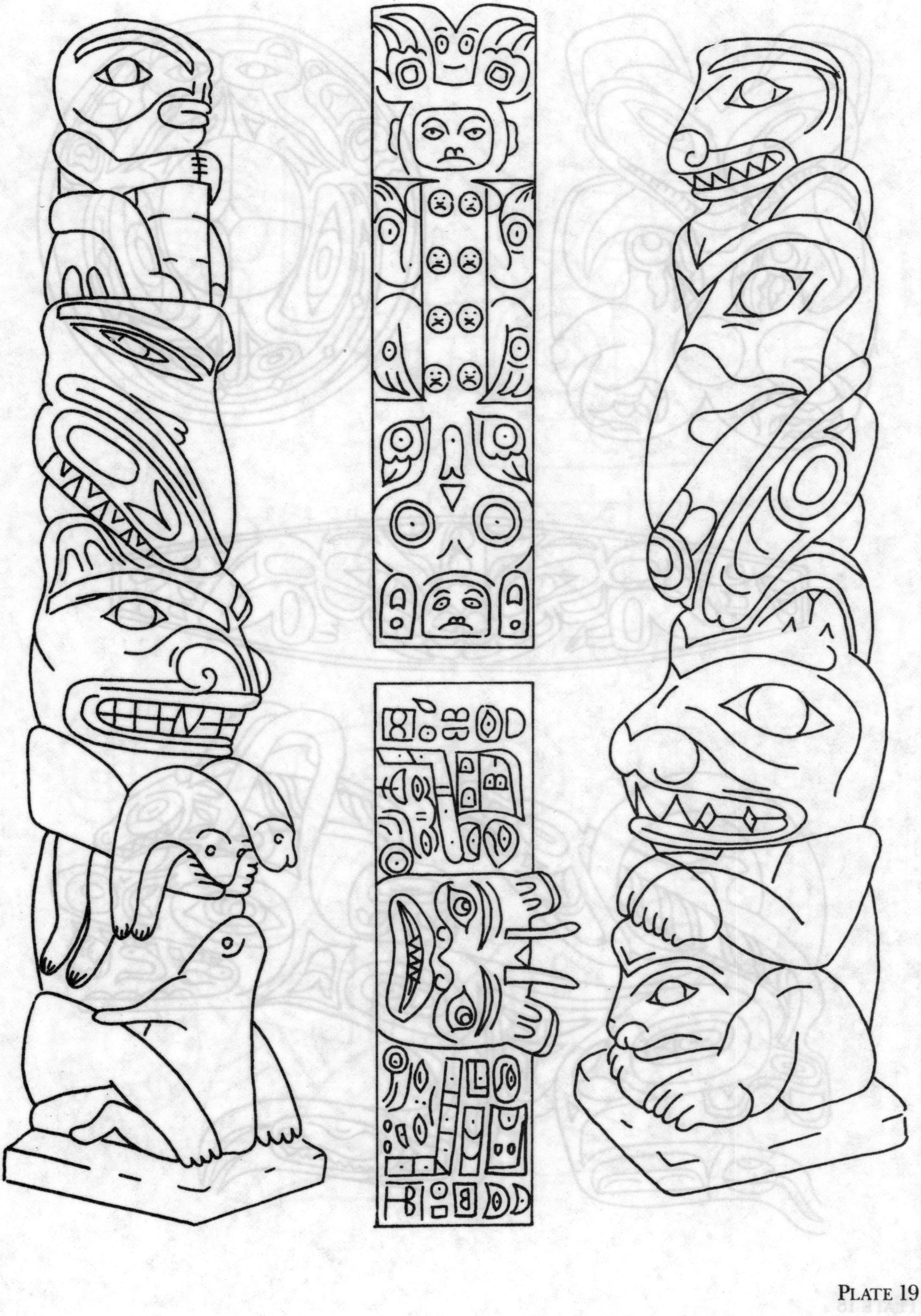

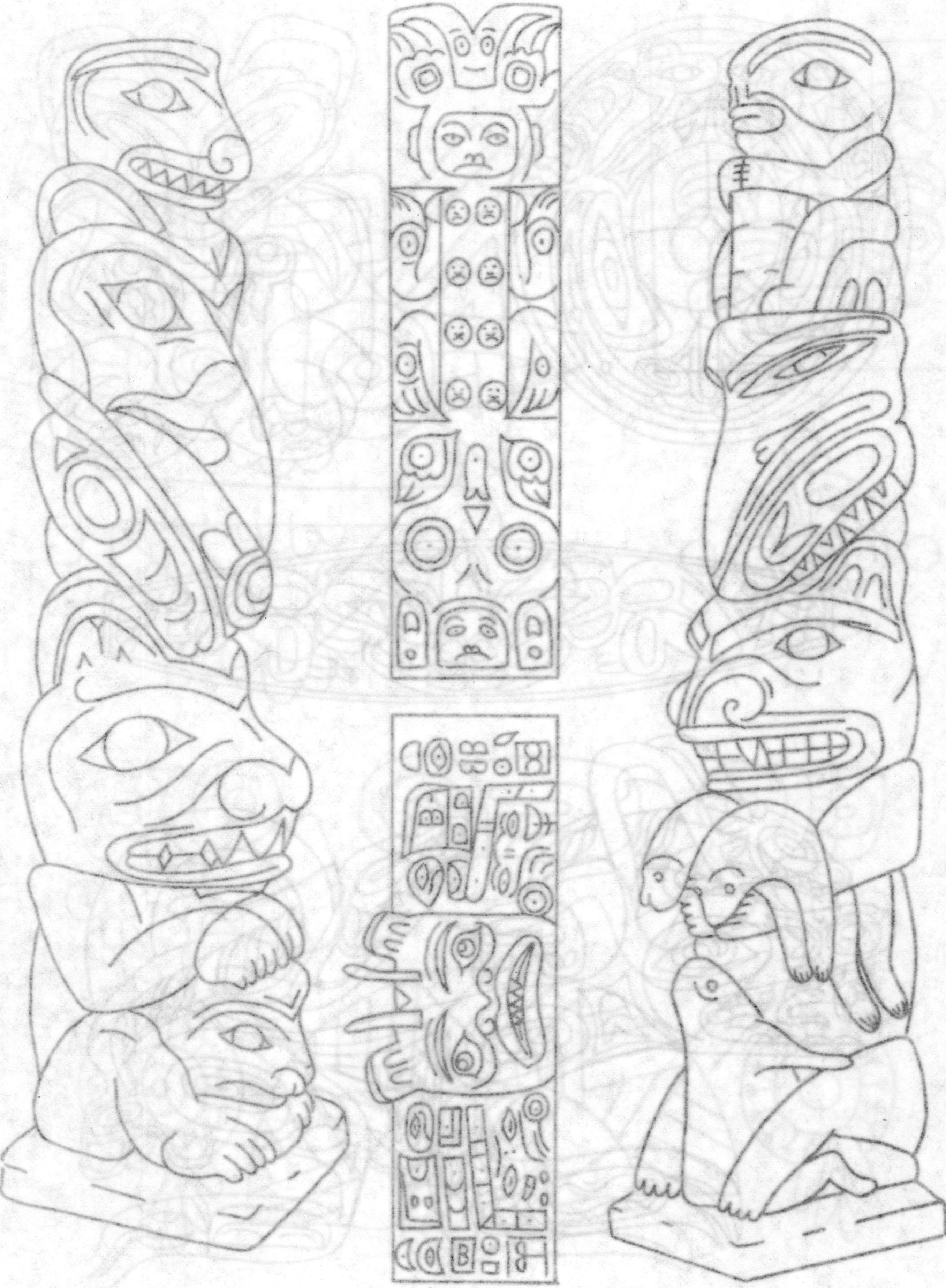

Test Pattern

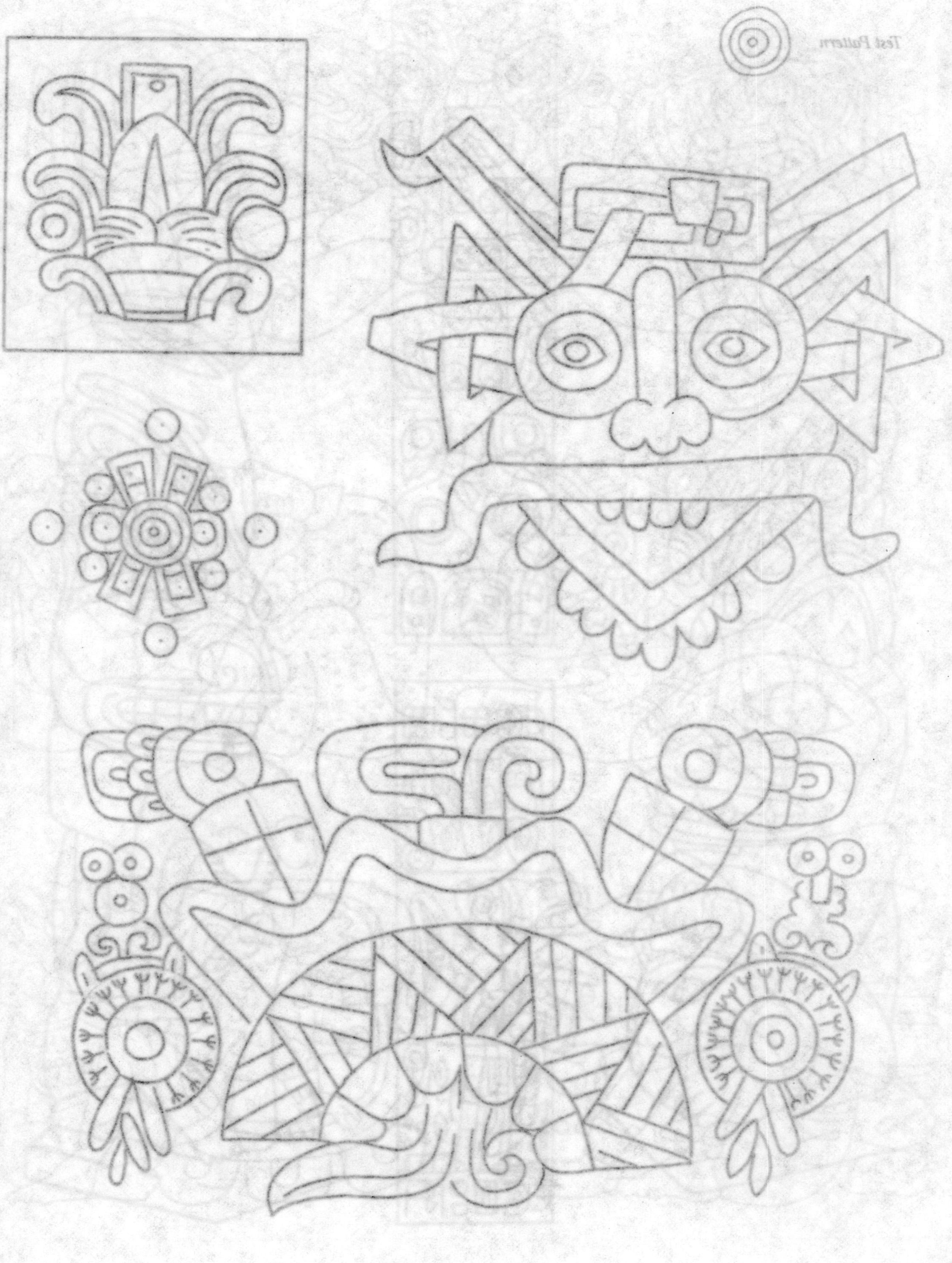

Test Pattern

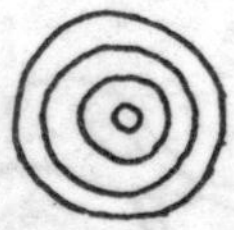

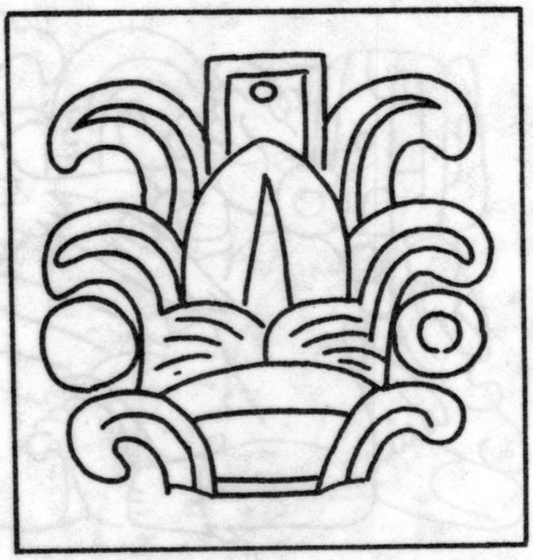

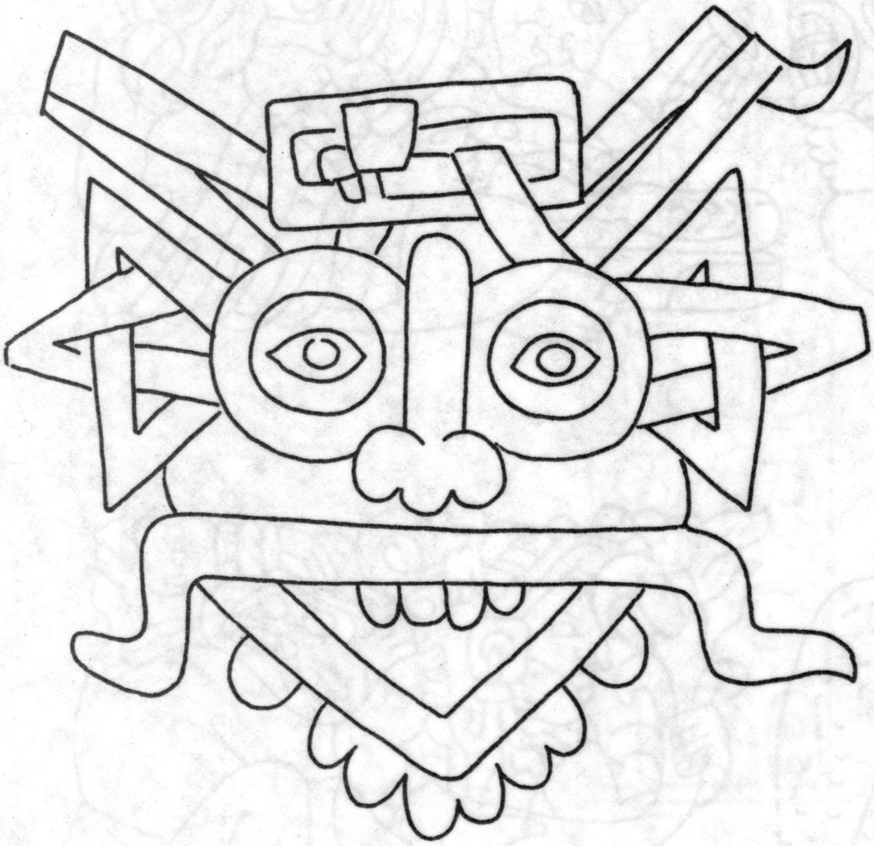

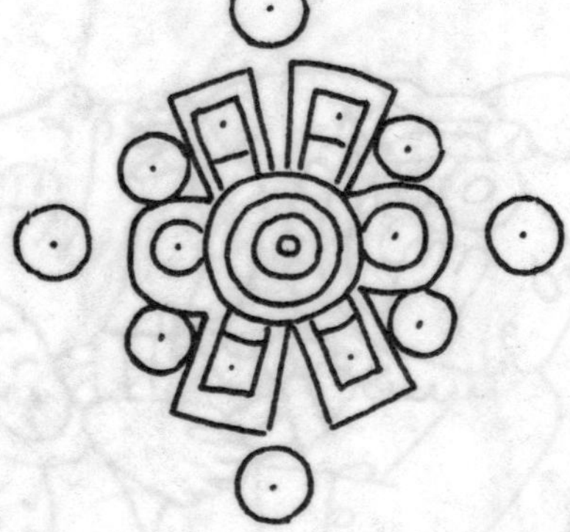

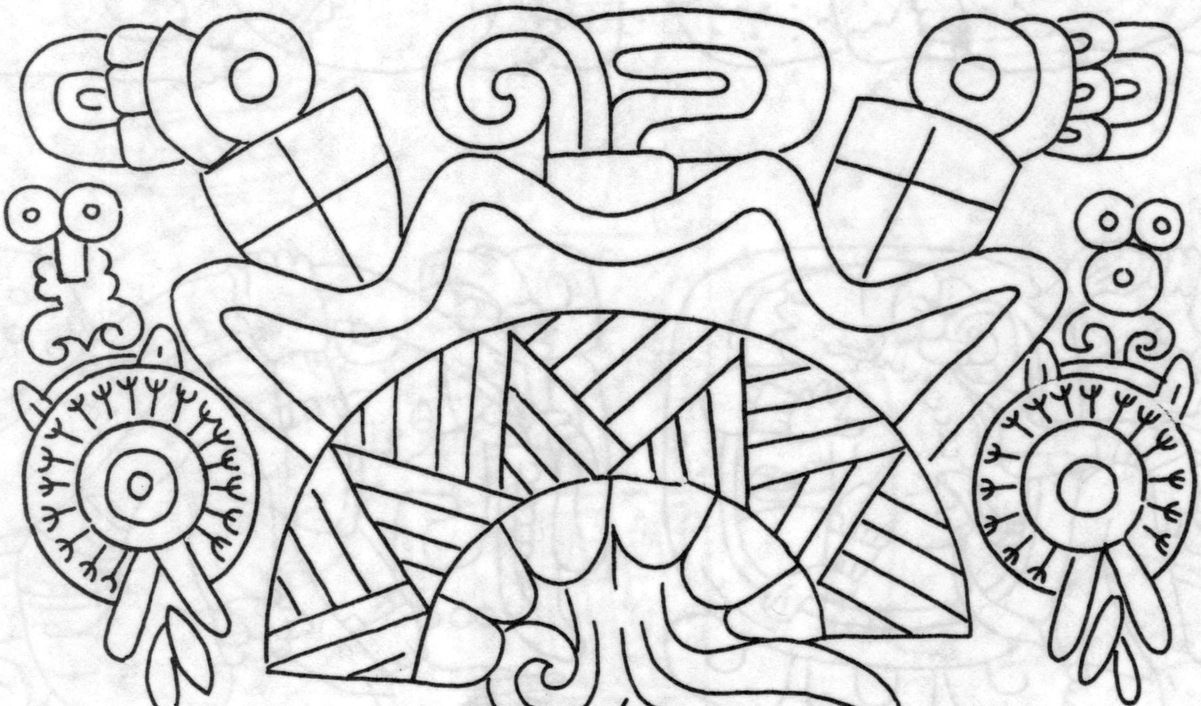

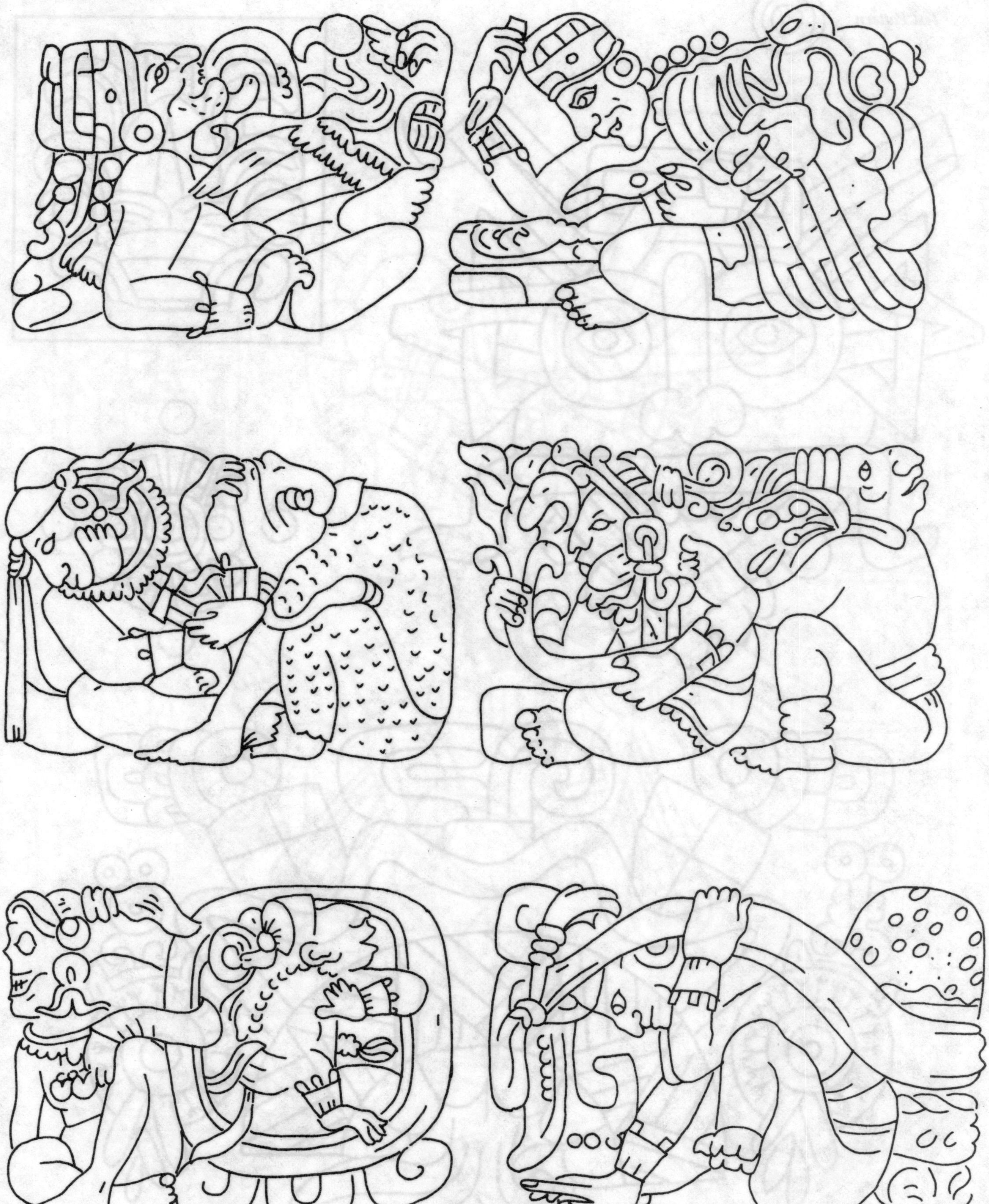

PLATE 21

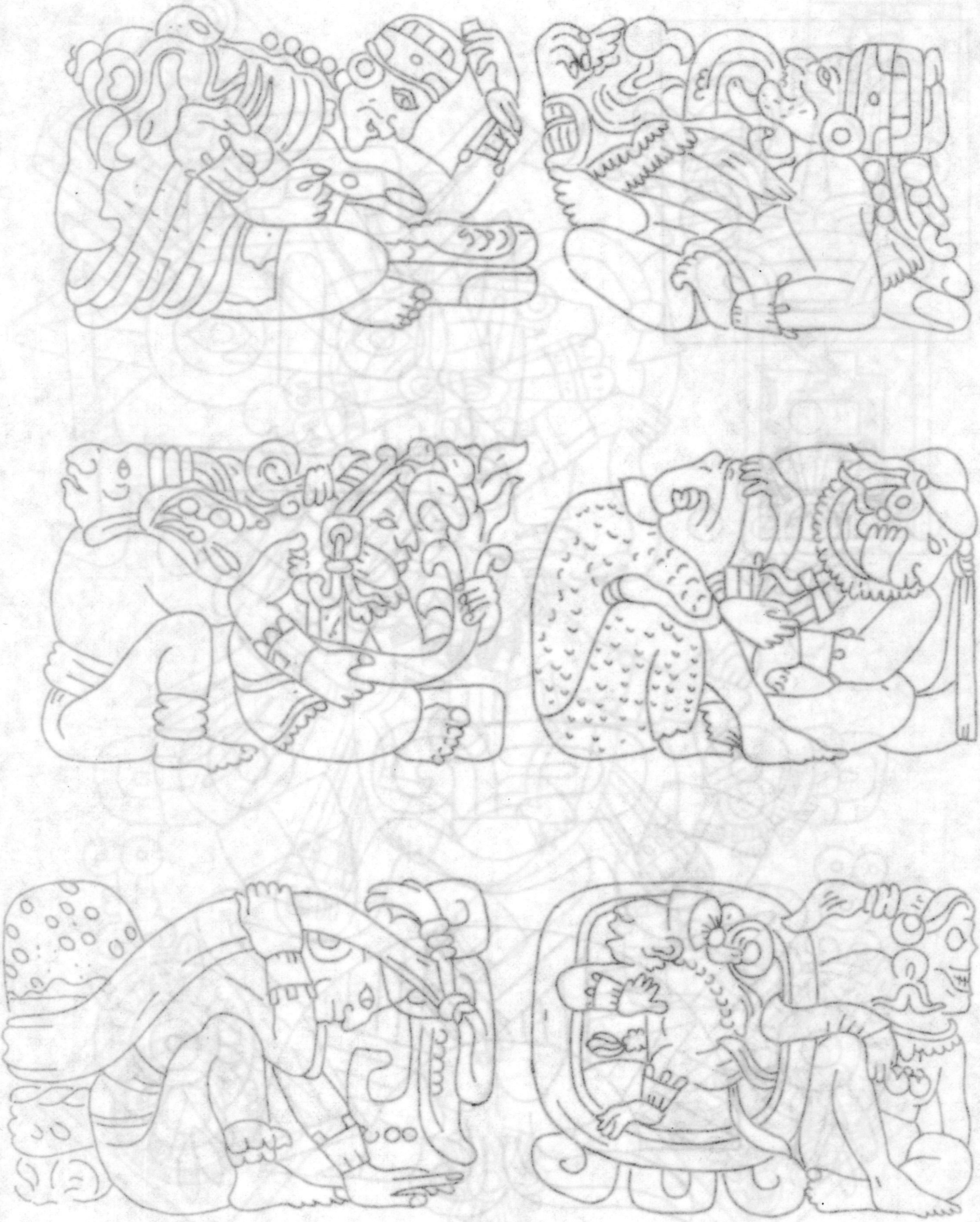

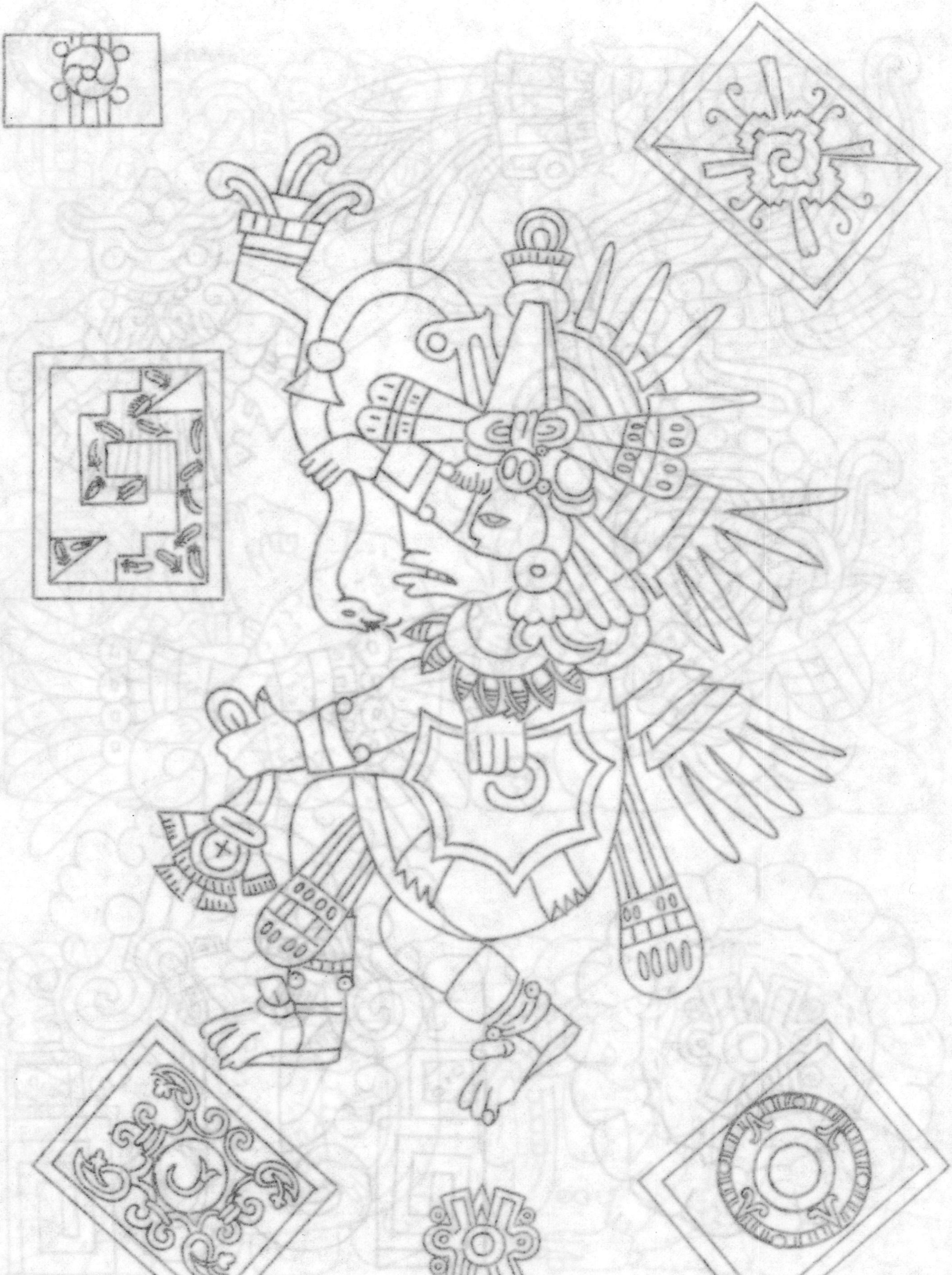

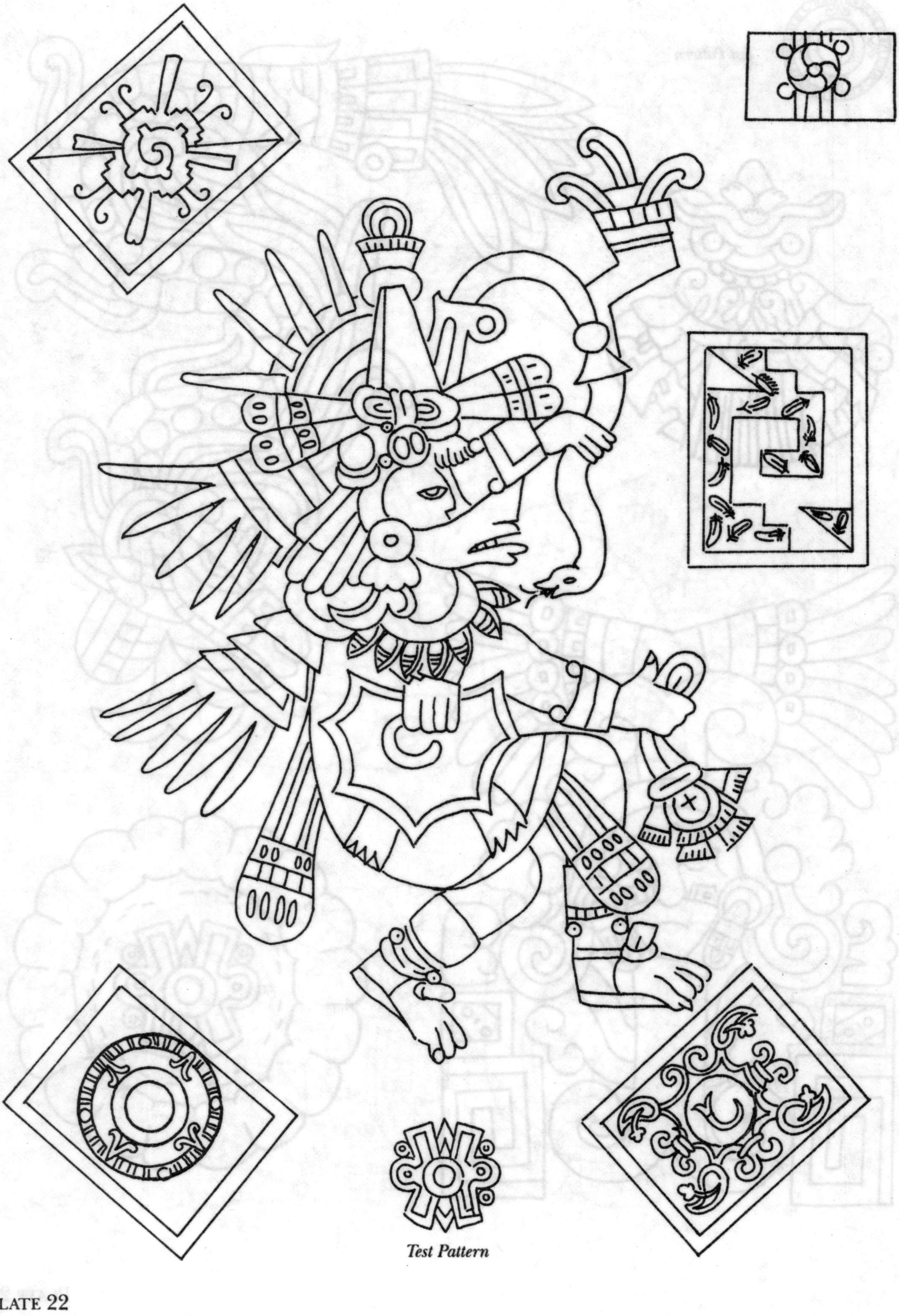

Test Pattern

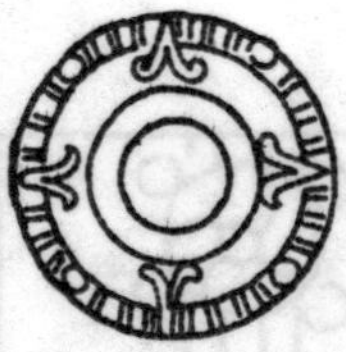

Test Pattern

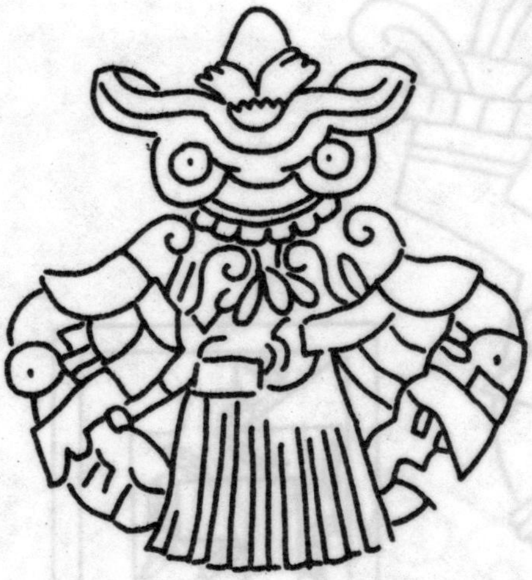

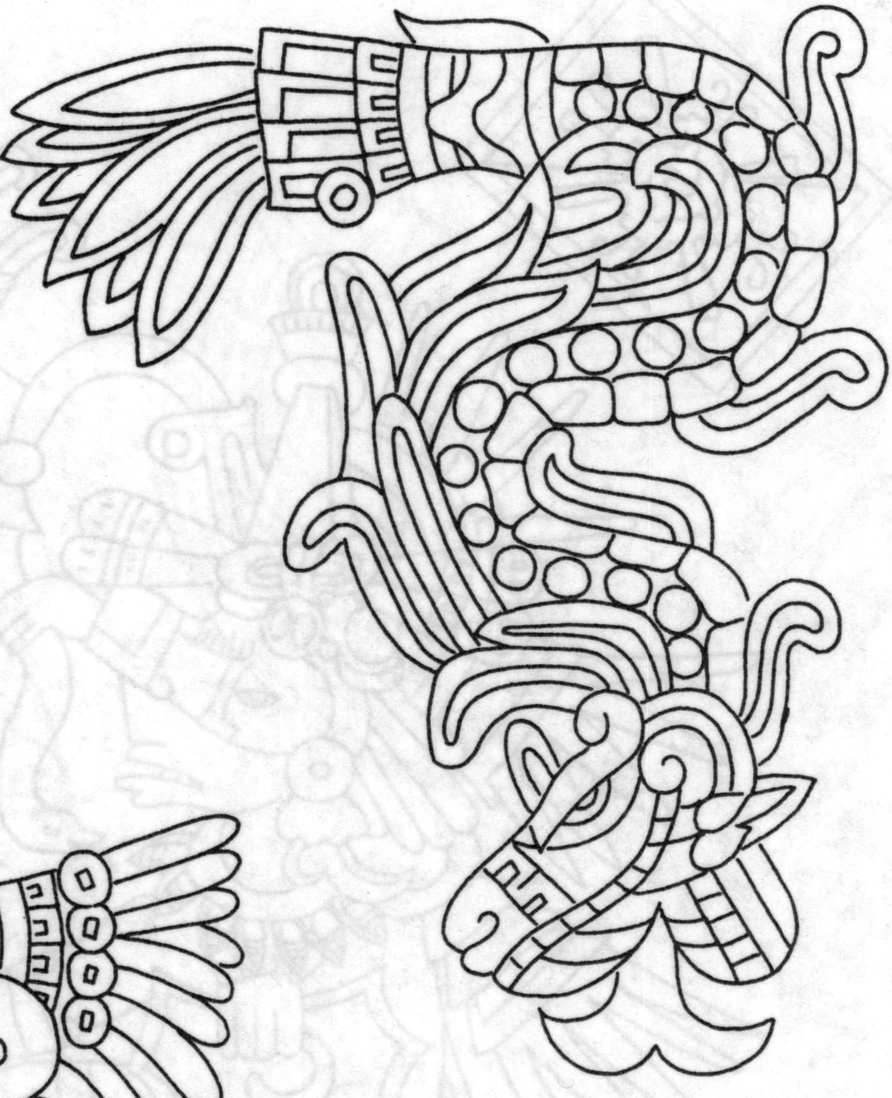

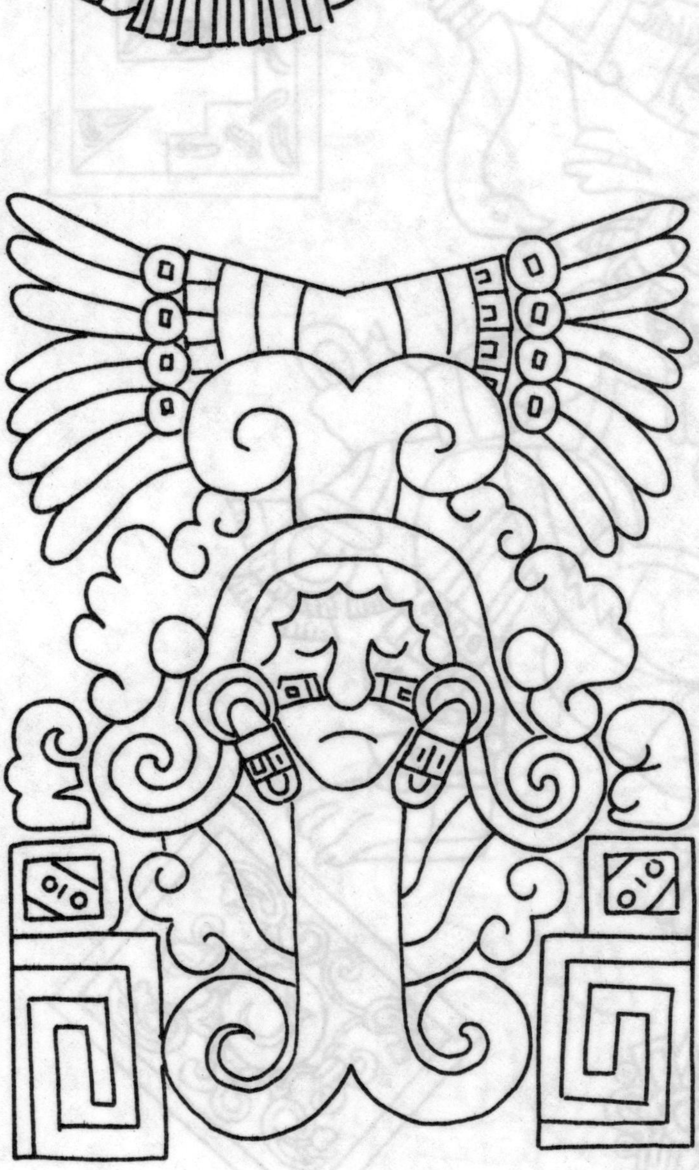

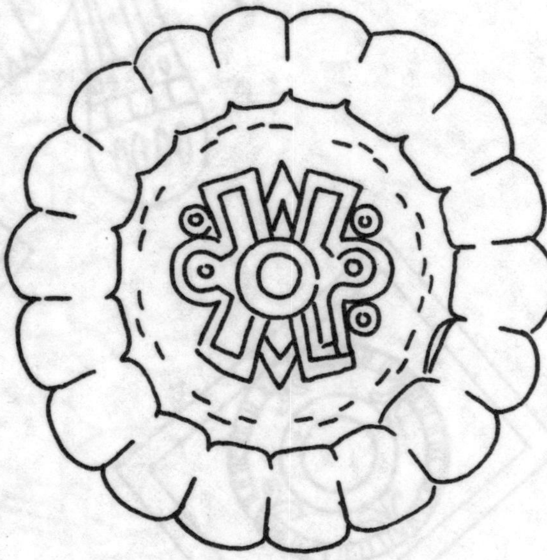

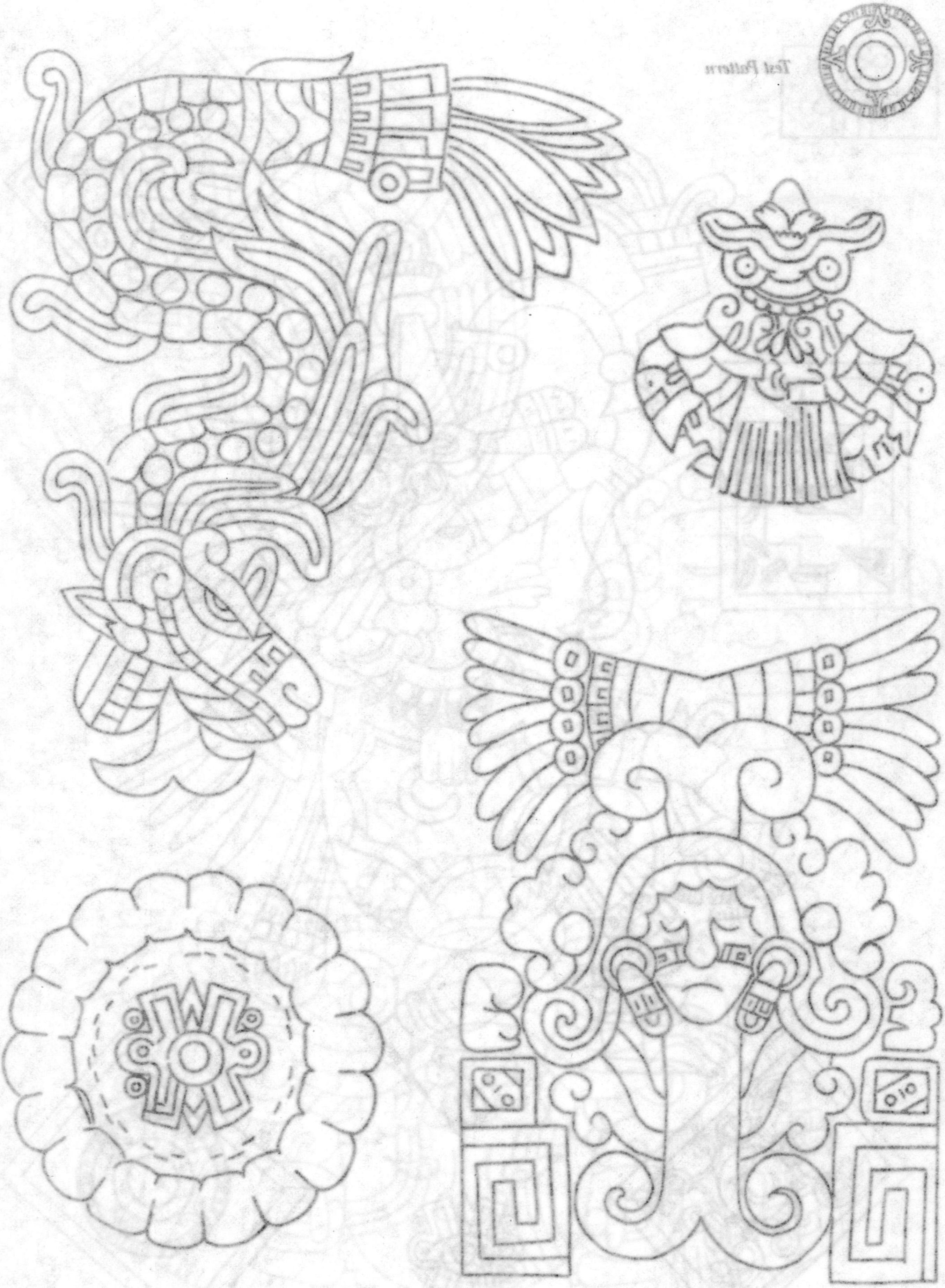
Test Pattern

Test Pattern

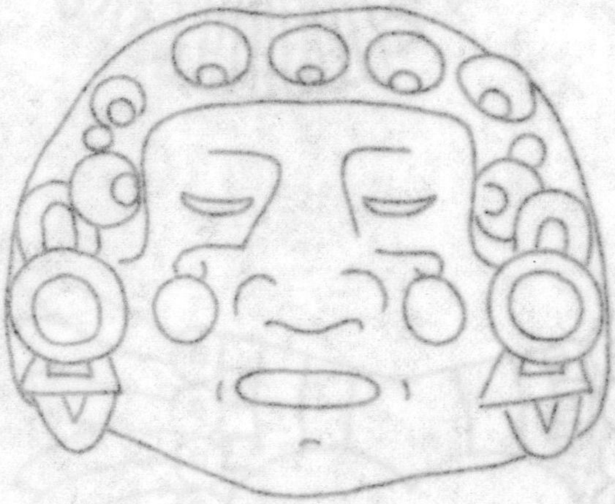

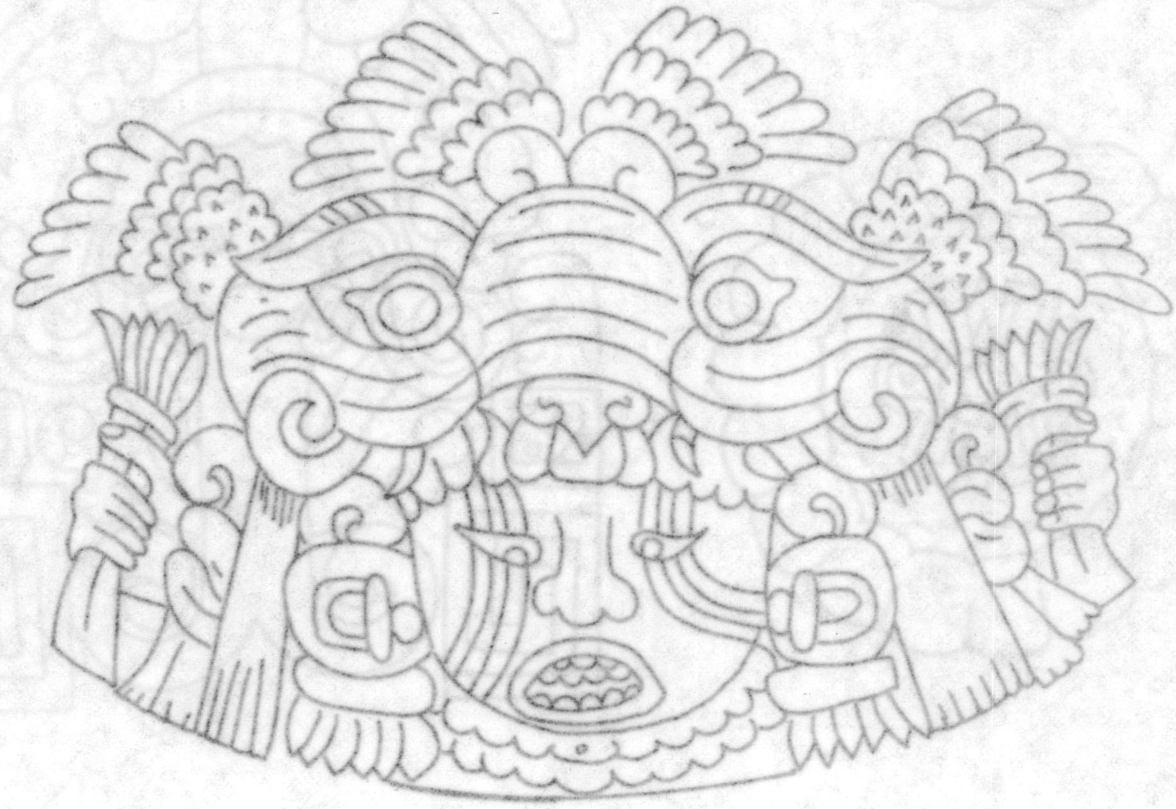

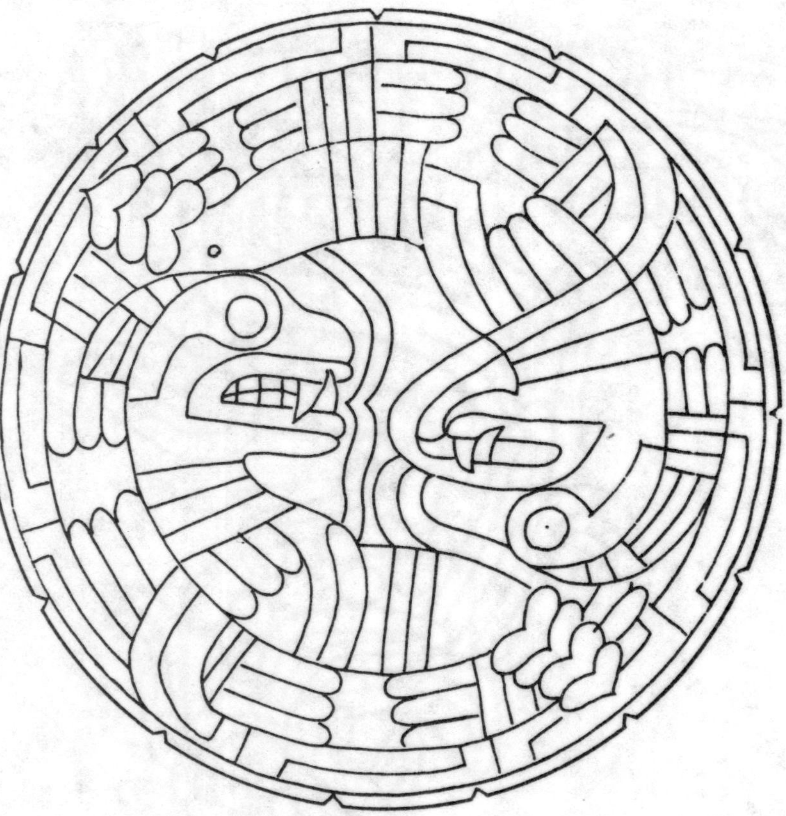

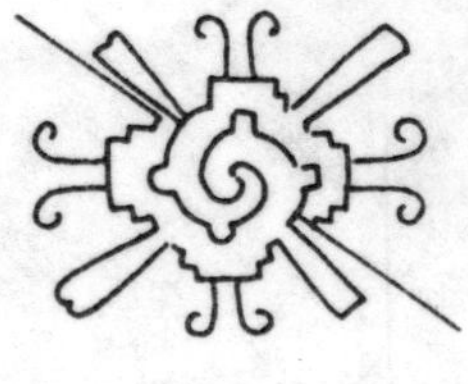

Test Pattern

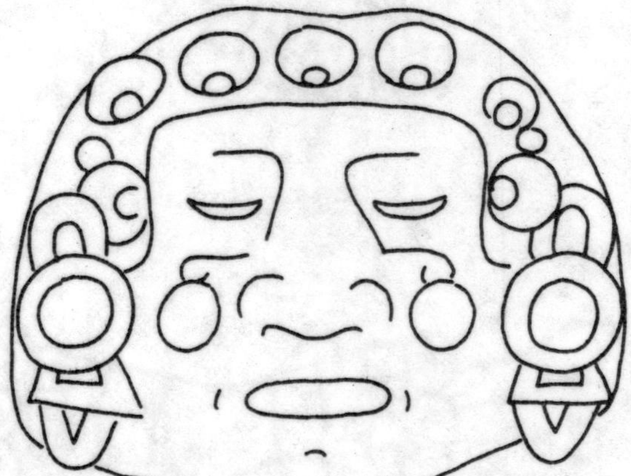

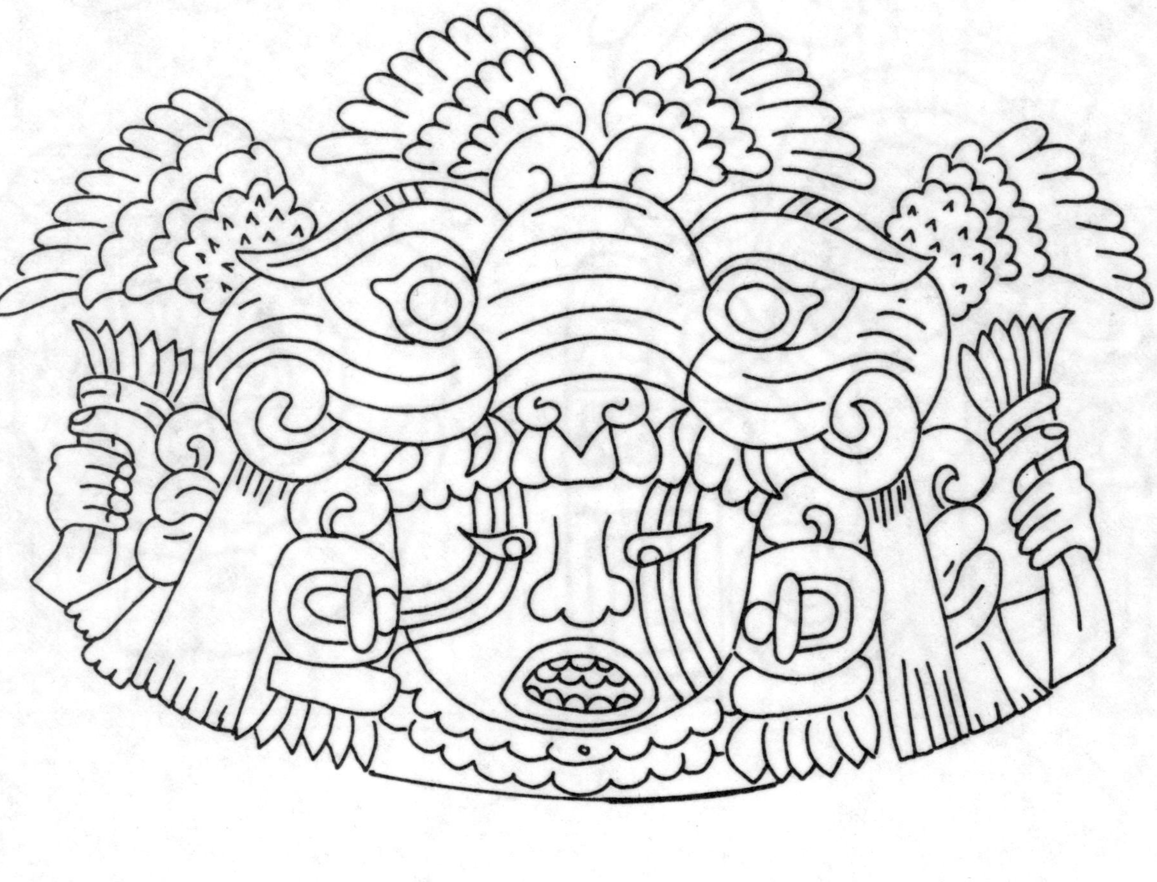